保育者の力量を磨く

● コンピテンス養成とストレス対処

金子智栄子
Chieko Kaneko

金子功一
Koichi Kaneko

金子智昭
Tomoaki Kaneko

ナカニシヤ出版

はじめに

　筆者は，保育者が好きです。
　笑顔が輝き，優しく子どもを迎え，子どもの一挙一動を細やかに見守って，あどけなさに目を細める……そのような保育者の姿に，「幸せ……」と自然と思ってしまいます。保育職は辛いとは言われますが，それ以上に，喜びが多い職種です。
　ただし，専門職というのは特殊な技能を求められます。いわゆる力量が必要になります。力量が不足すると，楽しいはずの仕事も苦痛となり，嫌になってくるでしょう。力量を形成すること，実力を身に付けることが，保育職を楽しいものにして長く勤め続ける原動力になると信じています。

1．保育者の力量

　それでは，保育者の力量はどのように定義されているのでしょうか。保育者が生涯発達の基礎を培う重要な専門職であることから，その力量については議論されるものの，これまで明確な指標が示されにくかったというのが実情だと思います。筆者は，現代的観点から「保育者の力量」を定義して6領域20力量を構成しました。本書では，保育者が向かうべき目標を，「力量」として明確に設定してあります。

2．保育者の「勘」の育成と維持

　保育には「正解」がないと言われます。
　保育現場に入ると，「なるほど！」と思うことがたくさんあります。たとえば，泣いている子を横目で見て関わらない保育者がいると，その保育者は冷たいと思われるかもしれません。しかし，冷たいのではなく，その子の自主性を育てるためにあえて関わらないで見守ることもあります。一見，望ましくない対応と思えても，適切な働きかけという観点では「正解」になります。したがって，保育者が同じ働きかけをしても，ある状況では「正解」，ある状況では「不正解」になると考えられます。そのような意味で「正解」はないと言えるでしょう。
　保育（教育）は，子どものより良い発達を促す活動です。「正解」は，保育者と子どもとの相互交渉の「適切さ」とも考えられます。「どうしたら優秀な保育者，素晴らしい保育者になれるのですか？」と，質問されることがあります。言葉に窮するのは，状況が分からないと判断のしようがないからです。その状況は時々刻々と変化し流れていきます。子どもとの関わり合いの中で，一瞬一瞬を判断して適切に関われるのが「素晴らしい」保育者と言えるのではないでしょうか。躊躇すれば事態は変化してしまい，その対応は効果を損ねてしまうかもしれません。そこには，保育者の「勘」の鋭さが求められます。「勘」は天性ではなく，培うものです。また，一度身に付けてもトレーニングを怠ると錆びてし

まうものです。
　どうしたら，その「勘」を培い，維持していくことができるのでしょうか。もちろん他者からの指摘も役に立ちますが，それだけでは保育は上達しないでしょう。自ら保育を計画して実践した後に自分の行為を振り返り，考察つまり省察して，さらに計画するという，計画→実践→省察の繰り返しが，地道であっても「勘」を培い維持して，保育を上達させる近道と筆者は信じています。

3．本書の有益性

　本書では，保育者が力量を形成する方法として，マイクロティーチング，面接ロールプレイ，事例研究を紹介してあります。そして，実践後にどのくらいの学びがあったかをチェックできるように，効果測定の尺度を掲載しました。この尺度の多くは，筆者の35年にわたる保育者養成と現職研修の研究から生まれてきたものです。それを踏まえて，自分の力量がどのくらい伸びたかも測定できるように工夫してあります。特に，保育者がストレスを乗り越えるためには，**保育技術能力**と**対人関係能力**が重要とされていることから，力量もその観点から分類されています。したがって，ストレス対処能力の獲得にも本書は有益です。

　筆者は，2011年度に「保育者の力量形成に関する実践的研究」という題で博士号（論文博士）（昭和女子大学　乙第71号）を取得しました。そして，2013年度に文部科学省から科学研究費補助金（研究成果公開促進費）（課題番号255179）をいただき，論文を出版しました。ただ，あまりにも専門的過ぎて一般的には活用されていないのが現状です。そこで，今回はストレスを乗り越える力量形成といった観点からも一部を抜粋し，さらに新しいデータを加えて分かりやすく書き直しました。

　保育科学生から現職保育者，さらに養成校などの保育関連の方々に広く活用していただき，力量豊かで有能感に満ちあふれた素晴らしい保育者が増えていくことを願っています。

2018年（平成30年）3月
金子智栄子

目　次

はじめに　*i*

第1章　保育者の力量を理解しましょう　……………………………………… *1*

■ 保育者に対する社会的期待と課題　*1*
　　1　幼児教育の重要性についての法的承認　1
　　2　保育ニーズの多様化　2
　　3　「保育士」の国家資格化と研修の義務化　3
　　4　養成校教員の役割　3
　　5　保育者の成長過程と課題　4

■ 保育者のストレスとその対処　*5*
　　1　現職保育者のストレス　6
　　2　保育実習生（学生）のストレス　8
　　3　保育者のストレス対処—保育技術能力と対人関係能力—　10

■ 保育者の力量　*11*
　　1　保育者としての基礎的力量　13
　　2　保育者の専門性を発展させる力量　13
　　3　自分の保育者としての力量を分析しましょう　13

第2章　保育技術能力を高めましょう—マイクロティーチングの活用—　……… *17*

■ マイクロティーチングとは何か　*17*
　　1　マイクロティーチングと実習教育との関連について　17
　　2　マイクロティーチングの発展　18
　　3　マイクロティーチングの方法　19
　　　　［1］マイクロ・レッスン　19
　　　　［2］マイクロ・クラス　20
　　4　マイクロティーチングの有効性　20

■ 幼児教育におけるマイクロティーチングの活用　*21*
　　1　マイクロティーチングの種類　22
　　　　［1］子どもを保育するか否かの区分　22
　　　　［2］事前指導強化型とフィードバック強化型　23
　　　　［3］マイクロ・レッスンとマイクロ・クラス　23
　　2　マイクロティーチングの概要の説明　23

3　指導計画の作成　24
　　　4　保育実践　24
　　　5　省察と指導案修正　28
　3　**保育者養成校の授業での実践例**　*28*
　　　1　指導方法　28
　　　2　テーマの例　31
　　　3　留意点　31
　　　4　子どもを対象にしたマイクロティーチングの実施について　32
　4　**マイクロティーチングの効果測定と発展性**　*33*
　　　1　マイクロ実践に対する分析　33
　　　2　マイクロティーチングの有効性の確認　33
　　　3　保育者の力量形成への有効性の確認　33
　　　4　保育者養成から現職者に至るまでのマイクロティーチングの応用　33
　　　　［1］保育科学生へのマイクロティーチングの応用　33
　　　　［2］現職保育者研修でのマイクロティーチングの導入　36

第3章　対人関係能力を高めましょう―面接ロールプレイの活用― …………… *39*
　1　**実施方法**　*39*
　　　1　3人1組になって聴き手・話し手・オブザーバーの役を決めます　39
　　　2　面接ロールプレイのパターンを決めます　39
　　　3　話し手が話題をイメージします　40
　　　4　ロールプレイ　40
　　　5　記　録　41
　　　6　記録の交換とロールプレイの検討　41
　　　7　役割を交代します　42
　　　8　ロールプレイの終了後　42
　　　　［1］聴き手に対する評価　42
　　　　［2］オブザーバーによる助言　42
　2　**記録と分析方法**　*43*
　　　1　面接ロールプレイの評価票による分析　43
　　　2　オブザーバーによる記録と分析　44
　　　3　録音による逐語記録と分析　45
　　　　［1］逐語記録の作成　45
　　　　［2］分析方法　46
　3　**面接ロールプレイの効果の検討**　*49*
　　　1　面接者としての態度や技法への有効性　50
　　　2　対人関係・友人関係における効力感　50
　　　　［1］対人的自己効力感について　52

　　　　　［2］友人との葛藤解決効力感について　53
　　　3　保育者の力量形成への有効性の確認　54

第4章　保育研修で保育を磨きましょう ……………………………………… 55
　❶　保育研修の状況　55
　　　1　研修体系　55
　　　2　研修形式　56
　　　3　個別の教育支援と事例検討　58
　❷　園内での事例研究の進め方　58
　　　1　組織体制について　61
　　　2　対象児について　61
　　　3　記録方法について　62
　　　　　［1］細かな記録の例　62
　　　　　［2］簡潔な記録の例　62
　　　4　発達の測定について　62
　　　5　変化の過程の分析について　63
　　　6　研修援助者としての配慮　63
　　　7　事例研究の研修効果の検討　64
　　　　　［1］対象児の行動変容　64
　　　　　［2］保育者の認識の変化　65
　　　　　［3］事例研究での成果　65
　　　　　［4］保育者の力量形成への有効性の確認　66
　❸　事例研究の報告　66
　　　1　経　過　66
　　　2　全体的考察　70

終　章　実習と研修を終えて ……………………………………………………… 73
　❶　力量形成の可能性　73
　❷　力量形成と実習　73
　　　1　保育者としての専門性が高まった時に充実感をもつ学生　73
　　　2　保育が好きで夢中になれる学生　75
　　　3　子どもへの深い眼差しをもつ学生　75
　❸　力量形成の自己チェック　76
　❹　プロフィールを描いて，力量形式の程度を把握しましょう　78
　❺　力量形成のまとめと今後の課題　79

終わりにあたって　81
引用・参考文献　83
索　引　85

第1章

保育者の力量を理解しましょう

　保育士と幼稚園教諭は両者を総称して「保育者」と呼ばれています。「力量」とは「物事を成し遂げる能力」を指しますので、「保育者の力量」とは「保育職が求められている能力（コンピテンス：competence）」と理解してください。

　コンピテンスとは、経験や学びを通して獲得した能力で、有能感とも訳されます。アビリティ（ability）が先天的な能力という意味で、才能を示すのに対して、コンピテンスは自己研鑽によって身に付けた能力で、保育者が保育状況に対して自分の持っている能力を最大限に発揮して対応していけるという自信でもあります。そして、自分の有能さをさらに発揮していこうとする意欲をも含む概念です。したがって、本書は、保育者が有能感に満ちあふれ、保育への自己効力感を実感しながら、保育を楽しみ、さらにコンピテンス（力量）を向上していくことを願って作成されました。

　発達初期の経験が、その後の成長や発達に大きな影響をもたらすことが明らかにされています。愛着障害を例にすると、養育者のひどい無視や虐待などで乳幼児期に養育者との愛着関係を築くことができないと、情緒や対人面で問題が起こり、過度に人を恐れる、または誰に対しても馴れ馴れしいといった症状が現れることがあります。このように乳幼児に対する保育の重要性が明白となり、保育のあり方が注目されている今日、保育者としてふさわしい専門的知識を備え、保育技術にもたけた有能な保育者が求められています。たとえ新卒であろうとも、着任後すぐに現場で活躍できることが期待されています。特に近年は、少子化傾向や被虐待児童数の増大などによる子育て環境の激変、ノーマライゼーションによる統合保育の一般化にともなって、現職保育者への期待もいっそう増大しています。

1　保育者に対する社会的期待と課題

1 幼児教育の重要性についての法的承認

　2006（平成18）年に教育基本法が改正され、はじめて「第11条（幼児期の教育）」（表1-1）が盛り込まれました。幼児教育の重要性が法律に組み込まれたのです。このことから、保育者が次世代を担う子どもたちを保育し教育する

表1-1　教育基本法「第11条（幼児期の教育）」

教育基本法（平成十八年十二月二十二日法律第百二十号）
（幼児期の教育）
第十一条　幼児期の教育は、生涯にわたる人格形成の基礎を培う重要なものであることにかんがみ、国及び地方公共団体は、幼児の健やかな成長に資する良好な環境の整備その他適当な方法によって、その振興に努めなければならない。

という重要な立場にあることが、社会的に明確に認められたといっても過言ではないでしょう。以前は、幼稚園や保育所のような保育施設では、乳幼児を遊ばせているだけという見方がありました。現在もそのように思っていらっしゃる方がいると思います。しかし、保育や発達に関する研究が積み重ねられ、乳幼児に対する保育の重要性が明らかになりました。そして、保育者としてふさわしい専門的知識を備え、保育技術にもたけた有能な保育者が求められるようになったのです。

2 保育ニーズの多様化

　1999（平成11）年に改訂された保育所保育指針（表1-2）では、子どもを取り巻く環境の急変に対応すべく、保育所の機能や役割が、通常の保育の充実に加えてさらに一層広がりつつあることが明示されました。通常の保育においては、障害児保育、延長保育、夜間保育などの充実が求められ、地域においては、子育て家庭における保護者の負担、不安や孤立感の増加など、養育機能の変化にともなう子育て支援が求められています。このような保育ニーズにこたえるため、現職保育者が職員研修や自己研鑽などを通して保育や子育て支援の質をつねに向上させるよう努めることも、保育所保育指針に示されました。いわば、現職保育者の研修の必要性が明記され、保育研究や保育実践を進歩させることの重要性が強調されたのです。

　このような地域子育て支援センターとしての役割や研修の義務化は、2017（平

表1-2　保育所保育指針（1999年（平成11年）改訂）（傍線…筆者）

保育所保育指針の改訂の概要　　平成11年10月19日　厚生省
4　改訂の主な内容
（1）児童福祉法の改正に対応して、保育所における地域の子育て家庭に対する支援機能を新たに位置づけた。
（2）研修を通じた専門性の向上、守秘義務の徹底、体罰等の禁止、性別による固定的役割分業意識を植え付けることのないような配慮など、保育士の保育姿勢に関する事項を新たに設けた。
（3）家庭、地域社会、専門機関との連携、協力関係の必要性を明確化した。
（4）各年齢別の保育の内容に、子どもの発達段階に対応した保育士の関わり方を示した「保育士の姿勢と関わりの視点」という項目を設けた。
（5）乳幼児突然死症候群の予防、アトピー性皮膚炎対策、児童虐待等への対応などの課題について、「第12章　健康・安全に関する留意事項」において新たな項目を設け、必要事項を記載した。
（6）「第13章　保育所における子育て支援及び職員の研修など」を新たに設け、多様な保育ニーズへの対応、地域における子育て支援、職員の研修等について記載した。
（7）幼稚園教育要領と同様に5領域を維持するとともに、「生きる力の基礎を育てる」や「自然体験、社会体験の重視」等幼稚園教育要領の改正内容との整合性を図った。

表1-3 保育所保育指針（2008年（平成20年）改定）（傍線…筆者）

第1章 総則
1 趣旨
（1）この指針は，児童福祉施設最低基準（昭和23年厚生省令第63号）第35条の規定に基づき，保育所における保育の内容に関する事項及びこれに関連する運営に関する事項を定めるものである。（→保育指針の改定に伴って改正された最低基準第35条では「保育所における保育は，養護と教育が一体的に行われるものとして，その内容については厚生労働大臣がこれを定める」とあります。これに基づき保育指針が，厚生労働大臣告示として定められました。）

第7章 職員の資質向上
2．施設長の責務
施設長は，保育の質及び職員の資質の向上のため，次の事項に留意するとともに，必要な環境の確保に努めなければならない。
（1）施設長は，保育所の役割や社会的責任を遂行するために，法令等を遵守し，保育所を取り巻く社会情勢などを踏まえ，その専門性等の向上に努めること。
（2）第4章（保育の計画及び評価）の2の（1）（保育士等の自己評価）及び（2）（保育所の自己評価）等を踏まえ，職員が保育所の課題について共通理解を深め，協力して改善に努めることができる体制を作ること。
（3）職員及び保育所の課題を踏まえた保育所内外の研修を体系的，計画的に実施するとともに，職員の自己研鑽に対する援助や助言に努めること。

成29）年3月に改訂された保育所保育指針においても引き継がれています。

❸「保育士」の国家資格化と研修の義務化

2003（平成15）年11月に保育士資格が法定化され，児童福祉施設の任用資格から名称独占資格に改められました。保育士の国家資格化から，よりいっそう保育者の専門性の理論的確立が求められ，専門性を備えた保育者の養成が急を要されるようになったのです。2008（平成20）年に保育所保育指針（表1-3）が改定され，厚生労働大臣の告示となって法的拘束力をもつようになりました。その中で施設長の責務として研修を計画的に実施することが明記されました。幼稚園教諭では，2009（平成21）年4月より，教員免許更新制（表1-4）が導入され，10年ごとに30時間の免許状更新講習が義務づけられるようになりました。専門職として，現職保育者の資質や能力の向上が重視されているのです。教育委員会や保育士会なども，従来から，保育研究や公開保育を義務づけて保育者の資質向上を目指していますが，このような新しい動向に合わせて，養成校教員による現職保育者への研修がなされ，現職保育者が養成校にて再教育される，いわばリカレント教育が注目されるようになりました。

❹ 養成校教員の役割

養成校教員としても，養成校内だけでなく，保育現場に出向いて巡回相談を行ったり，保育の研究指導をしたり，研修会の講師を務めたりすることも多くなりました。学生対象の保育者養成だけでなく，就任後も現職保育者を保育現場でいかに育てていくかが，養成校教員にとっても重要な課題となっています。時々刻々と変化する社会状況に対応するため，保育者は養成時代ばかりでなく，

表1-4　教員免許更新制（傍線…筆者）

教員免許更新制の概要（文部科学省）　　　　平成24年2月
平成19年6月の改正教育職員免許法の成立により，<u>平成21年4月1日から教員免許更新制が導入されました</u>。

1．目的
教員免許更新制は，その時々で教員として必要な資質能力が保持されるよう，定期的に<u>最新の知識技能を身に付ける</u>ことで，教員が自信と誇りを持って教壇に立ち，社会の尊敬と信頼を得ることを目指すものです。

2．基本的な制度設計について
原則的に，有効期間満了日（修了確認期限）の2年2ヶ月から2ヶ月前までの2年間に，大学などが開設する30時間以上の免許状更新講習を<u>受講・修了</u>した後，免許管理者（都道府県教育委員会）に申請する必要があります。
また，有効期間の延長（修了確認期限の延期）が可能な理由に該当する場合や講習の免除対象者に該当する場合には，そのために必要な申請などの手続きを行います。

3．更新講習の受講対象者について
（1）　<u>現職教員</u>
（2）　実習助手，寄宿舎指導員，学校栄養職員，養護職員
（3）　教員採用内定者
（4）　教育委員会や学校法人などが作成した臨時任用（または非常勤）教員リストに登載されている者
（5）　過去に教員として勤務した経験のある者
（6）　<u>認定こども園で勤務する保育士</u>
（7）　<u>認可保育所で勤務する保育士</u>
（8）　<u>幼稚園を設置している者が設置する認可外保育施設で勤務する保育士</u>など

現場にでた後も社会的のニーズに応えるべく，自己研鑽が求められ，養成校教員もその援助をする立場になっているのです。

5 保育者の成長過程と課題

保育者には成長過程があり，上田（1989）は「乗り切り期」「強化期」「再生期」「成熟期」の4つの段階があるとしています。「乗り切り期」は最初の1年目で，自分が果たして保育者としてやっていけるのだろうかという大きな不安を抱く時期です。「強化期」は1-2年目で，個々の問題をもった子どもの指導や問題状況に焦点を向け始めて疑問に対する答えを求める時期です。「再生期」は同じことの繰り返しに嫌気がさしてマンネリ化しやすい3-4年目，「成熟期」は5年目以降で保育者として見通しをもち抽象的な問いを投げかけることができるようになる時期です。

それでは，秋田（2000）の保育者の発達段階モデルを参考にして，自分の段階を確認してみましょう。

段階1：実習生・新任の段階
　　現場にて保育はするが，まだ一人前として扱ってもらえない段階
段階2：初任の段階
　　理論に基づいて保育できるが，自分の行為の理由や説明ができない段階

段階3：洗練された段階
　　保育の専門家としての意識をもち，事実から判断できる段階
段階4：複雑な状況に対処できる段階
　　保育のスペシャリストとして自律的に働くことができ，地域連携や園運営にも関わる段階
段階5：影響力のある段階
　　保育実践の創造者となり，他のスタッフの責任も負う段階

質問　①あなたはどの段階にあたりますか？

　　　②あなたはどのような課題を抱えていますか？

　保育者には成長過程があり，その時期によって乗り越えなければならない課題があります。その課題が悩み，いわゆるストレスとなって精神的不健康に陥ってしまうことがあります。どうしたら，そのストレスから解放されるでしょうか。ストレスとその対処方法について考えてみましょう。

■ 2　保育者のストレスとその対処

　保育者は，専門的技術により対人サービスを展開する専門職者として位置づけられています。また，乳幼児期に生涯発達の基礎を培う重要な職種とされています。しかし，一方では，長時間で休憩が少なく休暇が取れない勤務状況，代替えのない人事など，勤務状態の厳しさは従来から問題になっています。やりがいがある仕事ですが，辛い仕事とも思われているのです。東京都の保育士登録者31,550名のうち回答のあった15,369件を対象とした調査（2016年）において，就業中の保育士で，仕事全体の「やりがい度」で『大変満足』を選択した人は14.7％，『非常に不満足』を選択した人は5.5％でした。その自由記述の内容を，表1-5に載せましたので参考にしてください。
　嶋崎（1995）は，保育者と同様な対人サービスである教員，看護師，医師と比べて，保育者は精神的健康の「不良層」の割合が最も高く，特に，経験の浅い保育者に「不良層」が多くみられたと報告しています。保育という専門職の厳しい職場環境が，他の対人サービスの専門職者よりも悩みや問題を生じさせ，それが保育者の心理的圧迫となっていることが示唆されています。
　それでは保育者は，どのような課題を抱えているのでしょうか。保育者の悩みや問題をストレスに置き換えて考察したいと思います。

表 1-5 保育者の仕事のやりがい（東京都福祉保健局，2016）

（1）保育士としての仕事全体の「やりがい度」で『大変満足』を選択した人

年齢	主な意見
20-24歳 女性	子どもの成長を身近に感じられる。子どもの笑顔に元気をもらえる。将来の未来を担っていく子どもたちの，人格形成においてとても重要な基礎の部分ができ上がる乳幼児期に，基本的信頼感や，自己肯定感を育んでいくことの必要性を感じるため。
25-29歳 女性	日々子どもたちと過ごす事で信頼関係が築かれ，子どもたちと過ごす時間がとても充実しています。毎日成長していく様子を肌で感じ，悩むことも多いがその倍成長したと感じるときの感動は大きいです。保育士間で話し合い，日々の保育をしていくなかで保護者の方に感謝されたり，ともに子どもへの思いを共有し合えることが嬉しいです。
35-39歳 女性	専門職であるために，勤続年数が増えるほど，個人の専門性における技術の上達をつねに感じることができる職種であるために個人の満足度は一般的に高くなると思われるし，自分自身にとってもそうである。
35-39歳 女性	人間の大事な基礎の部分を育てる仕事である。子ども一人ひとり違って，保育士としてこの子にどんなことができるか，日々考え悩むが，悩んだ分返ってくる。これが正しいという正解はなく，子ども一人ひとりに合わせて対応していく，成長に終わりのない仕事です。
45-49歳 女性	保育士は「保育園の先生」と思っていたが，それ以外にも必要とされる場所があり，障害児であったり，環境（生活）に恵まれない子であったり，たくさんの子どもたちのために働ける仕事で，やりがいは大いに感じるが，もっと評価されてよいのではないかと思う。

（2）保育士としての仕事全体の「やりがい度」で『非常に不満』を選択した人

年齢	主な意見
20-24歳 女性	新人育成に対して，保育所内の方々が意欲的ではない。現在の子どもの質と保育士の数が足りていない。子どもが好きなだけでは働けない労働内容。なりたくてなった職業だが，なってみるとやりがいを感じない。保育所の方針が合わない。事務がすべて手書きのため効率が悪い。
25-29歳 女性	求められていることは多くなってきているのに，保護者に言ってはいけないことが増え，子どものことを考えた言動ができない。子どもではなく，親のための保育所になっており，なんのために自分が保育をしているのか分からない。子どものことを考えれば考えるほど苦しくなり頑張るほど辛くなる。良い保育者は今の世の中，親中心で考えなければならない。そんな保育者になってまでやりがいは感じたくない。
45-49歳 女性	事故やクレーム（保護者）への未然防止に一番注力されており，理想の保育などの理念はまったく感じられず皆無。4K キツイ，給料，休み少ない，汚い職場で，プライドをもって仕事をつづけることが難しい。悪い労働条件が当たり前で，意見することが許されない環境。

❶ 現職保育者のストレス

　全国保母養成協議会（1994）の大規模な調査では，就職後2年目と6年目の保育者を対象に，「現在抱えている悩みや問題」を自由記述させたところ，主に，①雇用条件，労働条件に関するもの，②仕事の量に関するもの，③結婚と就労両立への不安，④園または園長への疑問，⑤職場の人間関係，⑥保育者としての能力不足，自信のなさ，保育内容のこと，⑦保護者との関係・親への対応，⑧子どもの問題，⑨研修に関するもの，⑩健康問題に分類されました。

❶それでは保育者としてのストレスがどのくらいあるか，チェックしてみましょう。

表1-6の「ストレス度」の欄に，「高・中・低・なし」の中からいずれか1つを選んで○で囲んでください。ストレス度が「高」または「中」である項目については，特に具体的に記載して，問題状況を明らかにしてみましょう。解決策や対応の優先順位も明確になると良いですね。

表1-6 現職保育者のストレスチェック

ストレス内容	ストレス度（高・中の場合はその理由も書いてみましょう）	対処方法
①雇用条件，労働条件に関するもの	（高・中・低・なし） 理由	
②仕事の量に関するもの	（高・中・低・なし） 理由	
③結婚と就労両立への不安	（高・中・低・なし） 理由	
④園または園長への疑問	（高・中・低・なし） 理由	
⑤職場の人間関係	（高・中・低・なし） 理由	
⑥保育者としての能力不足，自信のなさ，保育内容のこと	（高・中・低・なし） 理由	
⑦保護者との関係・親への対応	（高・中・低・なし） 理由	
⑧子どもの問題	（高・中・低・なし） 理由	
⑨研修に関するもの	（高・中・低・なし） 理由	
⑩健康問題	（高・中・低・なし） 理由	

❷表1-6に記載した内容を読み返しながら，自分のストレスとその対処方法を整理して検討しましょう。いろいろな整理の仕方がありますが，次のような観点で整理すると良いでしょう。

（1）ストレス度の高いものは何ですか？

＿＿＿＿＿＿＿＿＿＿＿＿＿＿＿＿＿＿＿＿＿＿＿＿＿＿＿＿＿＿＿＿＿＿

（2）すぐにでも解消しなければならないストレスは何ですか？

＿＿＿＿＿＿＿＿＿＿＿＿＿＿＿＿＿＿＿＿＿＿＿＿＿＿＿＿＿＿＿＿＿＿

（3）ストレス解消にあたって，解決方法はありますか？
　　 または援助してくれる人はいますか？

＿＿＿＿＿＿＿＿＿＿＿＿＿＿＿＿＿＿＿＿＿＿＿＿＿＿＿＿＿＿＿＿＿＿

（4）問題解決することと，ストレスのまま放置することとの両方を比較して，どちらが楽ですか？

＿＿＿＿＿＿＿＿＿＿＿＿＿＿＿＿＿＿＿＿＿＿＿＿＿＿＿＿＿＿＿＿＿＿

❷ 保育実習生（学生）のストレス

　実習生は現場にて，保育者としての職場を体験します。実習記録簿を書き，指導案を作成し，実際に子どもを対象に指導するなど，さまざまな体験をします。職場に入り，対人関係のマナーや気づかいも求められます。子どもとの関わりは楽しみでもありますが，不安も大きいことでしょう。
　実習生の主な困難要因（ストレス）は，「指導計画」「実習記録簿」「保育技術」「実習園の指導体制」「ピアノ技術」「子どもとの接触法」の5つに分類されます。そして，各々に代表的な項目を3項目ずつ載せました。

❶実習生のストレスを確認してみましょう。
　あなたが実習生なら，表1-7に示した項目にどのくらいストレス感じますか？　ストレスの程度を「4．強」「3．中」「2．低」「1．なし」の中から1つ選んで，番号を○で囲んでください。そして合計点を出して，プロフィールを描いてください。

表1-7 実習生のストレスチェック

ストレス内容	ストレス度 (4.強, 3.中, 2.低, 1.なし)	合計
指導計画 ①指導計画作成にあたって，指導手順や教材を記載する ②指導計画作成にあたって，保育者の指導上の留意点を知る ③指導計画作成にあたって「反省」の書き方を知る	4 —— 3 —— 2 —— 1 4 —— 3 —— 2 —— 1 4 —— 3 —— 2 —— 1	
実習記録簿 ④ポイントを決めて実習記録を書く ⑤実習記録に担当保育者の「保育者の動き」「指導上の配慮点」を書く ⑥「環境構成」「保育者の動き」「指導上の配慮点」「子どもの動き・反応」「疑問・意見・感想」などを対応づけて実習記録をつける	4 —— 3 —— 2 —— 1 4 —— 3 —— 2 —— 1 4 —— 3 —— 2 —— 1	
保育技術 ⑦幼児集団を動かす ⑧子どもの状態にあわせて言葉かけをする ⑨実地指導の際，間をうまくとりタイミングをよくする	4 —— 3 —— 2 —— 1 4 —— 3 —— 2 —— 1 4 —— 3 —— 2 —— 1	
実習園の指導体制 ⑩担当の保育者が私の質問にあまり答えてくれない ⑪園において実習生の受け入れ態勢がととのっていない ⑫担当の保育者が自分の子ども観，保育観についてあまり話してくれない	4 —— 3 —— 2 —— 1 4 —— 3 —— 2 —— 1 4 —— 3 —— 2 —— 1	
ピアノ技術 ⑬子どもの様子をみながらピアノを弾く ⑭子どもの動きにあわせてピアノを弾く ⑮園で用いられるピアノの曲の種類が多い	4 —— 3 —— 2 —— 1 4 —— 3 —— 2 —— 1 4 —— 3 —— 2 —— 1	
子どもとの接触法 ⑯子どもに「先生遊んで」と言われて，遊ぶものを決めなければならない ⑰自由遊びの内容を楽しくする ⑱子どもの興味，関心を知る	4 —— 3 —— 2 —— 1 4 —— 3 —— 2 —— 1 4 —— 3 —— 2 —— 1	

❷ストレス度のプロフィールを描いて，自己診断してみましょう。

（1）合計点を3で割って，1項目当りの平均を算出してください。

　　「指導計画：　　　　　点」「実習記録簿：　　　点」「保育技術：　　点」

　　「実習園の指導体制：　　　点」「ピアノ技術　　　点」

　　「子どもとの接触法：　　点」

（2）図1-1に，プロフィールを記入しましょう。

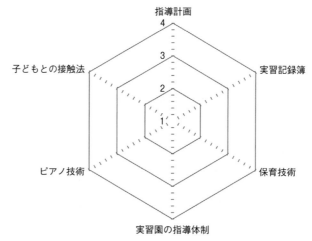

図1-1　実習生のストレスプロフィール

❸表1-7に記載した内容を読み返しながら，また図1-1のプロフィールを見ながら，自分のストレスとその対処方法を整理して検討しましょう。いろいろな整理の仕方がありますが，次のような観点で整理すると良いでしょう。

（1）ストレス度の高いものは何ですか？

_____

（2）すぐにでも解消しなければならないストレスは何ですか？

_____

（3）ストレス解消にあたって，解決方法はありますか？
　　　または援助してくれる人はいますか？

_____

■ 3 保育者のストレス対処―保育技術能力と対人関係能力―

　短期大学の卒業後5年目までの保育者を対象にした調査（上田，1989）では，「日常の保育や子どもに関すること」「保育者としての自分の適性や能力に関すること」に悩みがあると答えた者の比率が最も高く，この傾向は経験年数4，5年目には減少します。しかし，一方で「園内の人間関係に関すること」「保護者との関係に関すること」は増加していました。

　水山・丹羽・後藤・鋤柄（1991）は，経験年数を5年未満，5－7年未満，7－10年未満，10－15年未満，15－20年未満，20年以上の6群に分けて検討し，

経験の浅い保育者ほど保育の内容や指導，保育者の資質に関わる悩みが大きく，中堅のベテラン保育者は父母のあり方や，職員間の話し合いの時間のなさなどに悩んでいました。保育者の成長によって生じてくる悩みは異なり，経験の浅い者は保育技術能力，中堅者は対人関係能力の悩みが多くなることが分かりました。職場での保育者の悩みはストレスとも捉えることができ，ストレスを克服できるか否かが職場での適応を左右すると考えられます。

嶋崎・森（1995）は，「保育技術に対する自信」「円滑な対人関係能力への自信感」が精神的健康状態の悪化を緩和させる要因として作用していると報告しています。齋木・上田・中川（2004）は，保育者の「園内の人間関係に関すること」の問題が，ストレス反応と消耗感の促進要因になっていましたが，「保育能力自己評価」はストレス反応の抑制要因であり，保育職への満足感と充実感の重要な促進要因になっていたことを明らかにしています。**保育技術能力**と**対人関係能力**は，保育者自身の精神的健康，充実感を高めるために重要であり，保育者の成長過程に適した援助や再教育の場が必要であると考えられます。

保育技術能力や**対人関係能力**は，保育者の専門性に該当するものでした。特に，**保育技術能力**は，養成校で形成されるべきものではありますが，経験年数の少ない現職者においても継続して養成されなければならない専門性です。保育者の専門性の獲得は，従来，養成課程に注目して検討されてきましたが，現職においても力量は継続的に形成されなければならないと考えます。

養成段階では子どもを保育するための専門的知識や技能を獲得すること（基礎的力量の形成）が，現職段階では保育者としての専門性を研修にて維持・向上・発展していくこと（研修による力量形成）が重要です。養成と研修の各段階でそれらの力量を有効に形成し，いっそう発展させていくことが大切と考えます。ただし，現代の社会情勢が求める保育ニーズは変化しており，保育者の専門性の範囲は拡大してきています。そこで，現代的視点から保育者の専門性を整理し検討しました。

3　保育者の力量

近年，保育者の専門性が重視されるとともに，その専門性を定義すべく研究や調査が行われるようになりました。

鳥光（1998）は，1989年以前に保育で重要視されていたのは，発達理論とそれに基づく保育内容の系列化でしたが，1989年幼稚園教育要領・1990年保育所保育指針の改訂以降は，むしろ保育者の力量，すなわち専門性こそが保育の質を決めるとされるようになったとしています。その力量のなかでも，子どもの活動と内面を理解して日々の実践の課題を引き出すことを特に重視しています。さらに，日々の実践を省察によって自覚し，そこで得た結果を実践へと返すことが重要であると強調しています。鯨岡（2000）は，保育者の専門性として「計

画・立案」「実践」「反省・評価」の3つの柱を提示しています。「実践」とは「いま，ここ」の保育場面で子どもを受け入れ，認めて教え導く「保育者のかかわり」であり，これらの柱に関与する保育者の人間性を重視しています。

　上田(2003)は，幼稚園教育要領・保育所保育指針の示す力量観，鯨岡(2000)が示す力量，稲垣・寺崎・松平（1998）が示す小学校教師の力量，文部科学省の報告書（2002）「幼稚園教員の資質向上について―自ら学ぶ幼稚園教諭のために―」が提示する幼稚園教諭に求められる専門性を参考にして，今日，保育者に求められる広範で多様な力量を分析的に捉えて，15の保育者の力量を設定しています。筆者は，ノーマライゼーションの観点から「特別な教育的配慮を要する子どもへの理解と対応」，発達援助の連続性から「小学校との連携をとりながら，子どもを育てる」など，5つの力量を追加して20力量を抽出し，6つに分類しました。さらに「保育者の基礎的力量」と「保育者の専門性を発展させる力量」の2つに区分しました（図1-2）。

　ストレス対処の観点から力量を見直すと，**保育技術能力**は力量の「態度」「技能」「技能向上」，**対人関係能力**は力量の「協働的関係」「連携」が対応します（図1-2参照）。そして力量の「視野の拡大と深化」は研修や研究を行うエネルギーとなり，力量向上には欠かせない動機づけ要因です。

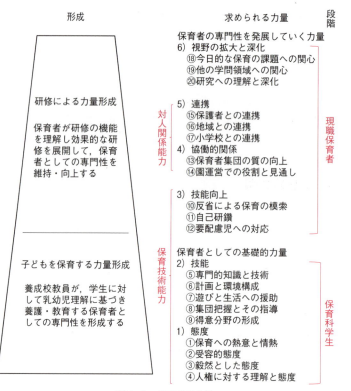

図1-2　保育者の力量

1 保育者としての基礎的力量

「保育者としての基礎的力量」は，特に養成段階で身に付けてもらいたいと考えています。現場に出てすぐに保育実践を行ううえでかなり重要だからです。この基礎的力量は，**態度**（①保育への熱意と情熱〜④人権に対する理解と態度），**技能**（⑤専門的知識と技術〜⑨得意分野の形成）に区分されます。

態度では「①保育への熱意と情熱」や「②受容的態度」は養成校入学にあたっても必要とされる姿勢です。「③毅然とした態度」は実習生にとっては難しいと思いますが，優しいだけではダメで，時には良いこと悪いことを子どもにしっかりと伝えることが大切です。「④人権に対する理解と態度」では，子どもの権利条約を熟知しておく必要があるでしょう。

技能では，養成校では講義・演習・実習を通して身に付けますが，特に「⑨得意分野の形成」にて自分の保育者として得意な専門分野をもっていてください。たとえば，表現関連（楽器，歌唱，ダンスなど），言葉関連（素話，読み聞かせ，ペープサート（紙人形劇）など），保育臨床関連（乳幼児心理，配慮の必要な子どもへの対応など）というように，自分の興味・関心のある内容の中で，「これなら自信があります」というものを獲得しておいてください。

2 保育者の専門性を発展させる力量

「保育者の専門性を発展させる力量」は，**技能向上**（⑩反省による保育の模索〜⑫要配慮児への対応），**協働関係**（⑬保育者集団の質的向上，⑭園運営での役割と見通し），**連携**（⑮保護者との連携〜⑰小学校との連携），**視野の拡大と深化**（⑱今日的な保育の課題への関心〜⑳研究への理解と深化）の4つに区分されます。これらは，保育現場に入って，特に身に付くと考えられる力量です。現場に出たからこそ，必要とされて身に付いたということも多いと思います。もちろん，養成校の学生時代に習得できれば，それに越したことはありません。

3 自分の保育者としての力量を分析しましょう

❶あなたの保育者としての力量をチェックしてみましょう。

表1-8に保育者として必要な力量が20項目示されています。あなたにはどのくらい備わっていますか？ 自分に備わっていると思う程度について，「4．備わっている」「3．少し備わっている」「2．あまり備わっていない」「1．備わっていない」のうち，いずれか1つを選んで，その番号を○で囲んでください。

表1-8 保育者の力量形成チェック

〈1．保育者としての基礎的力量〉 1）態度 ①保育への熱意と情熱 　　（保育に対して熱意や積極性をもつ）	4—3—2—1
②受容的態度 　　（子どもの行動を受容し認める態度をもつ）	4—3—2—1
③毅然とした態度 　　（子どもの行動に対して，必要に応じて毅然とした態度をとる）	4—3—2—1
④人権に対する理解と態度	4—3—2—1
2）技能 ⑤専門的知識と技術 　　（発達や保育内容に関する専門的知識・技術をもつ）	4—3—2—1
⑥計画と環境構成 　　（子ども理解を基盤に保育の計画を立て，環境構成，援助のあり方を構想する）	4—3—2—1
⑦遊びと生活への援助 　　（子どもを適切に理解し，遊び・生活への援助を行う）	4—3—2—1
⑧集団把握とその指導 　　（子どもの集団を把握し，まとめる）	4—3—2—1
⑨得意分野の形成	4—3—2—1
〈2．保育者の専門性を発展させる力量〉 3）技能向上 ⑩反省による保育の模索 　　（保育を振り返り，反省によって，新たな保育を模索する）	4—3—2—1
⑪自己研鑽 　　（研修・研究を行い，たえず自己研鑽に励む）	4—3—2—1
⑫要配慮児への対応 　　（特別な教育的配慮を要する子どもへの理解と対応）	4—3—2—1
4）協働的関係 ⑬保育者集団の質的向上 　　（同僚と協力しながら，保育者集団の質を高める）	4—3—2—1
⑭園運営での役割と見通し 　　（園運営において自分の役割を考えて行動し，全体を見通して運営を支える）	4—3—2—1
5）連携 ⑮保護者との連携 　　（保護者との連携をとりながら，子どもを育てる）	4—3—2—1
⑯地域との連携 　　（地域との連携をとりながら，子どもを育てる）	4—3—2—1
⑰小学校との連携 　　（小学校との連携をとりながら，子どもを育てる）	4—3—2—1
6）視野の拡大と深化 ⑱今日的な保育の課題への関心 　　（今日的な保育の課題に関心をもち，探求する）	4—3—2—1
⑲他の学問領域への関心 　　（他の学問に関心をもつ）	4—3—2—1
⑳研究への理解と深化 　　（研究の視野を広げながら研究を深める）	4—3—2—1

❷力量プロフィールを作成しましょう。

表1-9に自分の20力量の各々の評定値に丸を付けて，線で結んでみましょう。

表1-9 保育者の力量形成プロフィール

分類	ストレス対処	力量診断	自分の特徴と努力目標
基礎的力量（主に保育科学生対象）	保育技術能力関連	態度（①保育への熱意と情熱，②受容的態度，③毅然とした態度，④人権に対する理解と態度） 技能（⑤専門的知識と技術，⑥計画と環境構成，⑦遊びと生活への援助，⑧集団把握とその指導，⑨得意分野の形成）	
専門性を発展させる力量（主に現職者対象）		技能向上（⑩反省による保育の模索，⑪自己研鑽，⑫要配慮児への対応）	

16　第1章　保育者の力量を理解しましょう

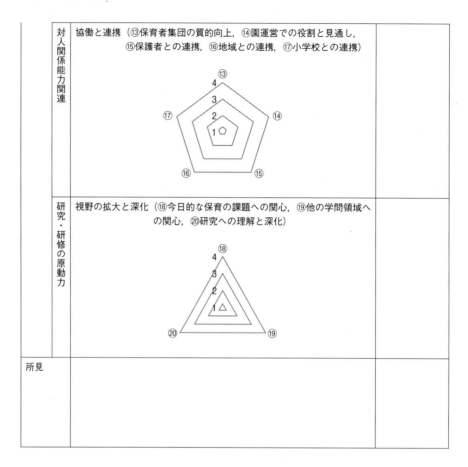

❸表1-9のプロフィールを参考に，自分の力量について分析してください。そして「自分の特徴と努力目標」の欄に，今後の抱負を含めて記入してみてください。最後に「総合所見」の欄に，まとめて記載しますが，特に重要なことは明白にするようにしてください。

　それでは，第2章，第3章，第4章で力量形成を図っていきましょう。

第2章

保育技術能力を高めましょう
―マイクロティーチングの活用―

　第1章では，保育者のストレス対処として，**保育技術能力**の向上が重要であるとしました。「保育者としての基礎的力量」（図1-2参照）の1つに「技能」があります。特に保育科学生や，経験の浅い保育者にとっては身に付けなければならない大切な力量です。しかし，「技能」は経験を積んだ現職者にも重要で，保育技能を日々精錬することで，より一層高度な「技能」を習得できることになります。「保育者の専門性を発展させる力量」（図1-2参照）に「技能向上」があり，現職保育者が研修により自己研鑽しなければならない重要な力量でもあります。

■ 1　マイクロティーチングとは何か

　保育技能の最も効果的な訓練方法に，マイクロティーチングがあります。マイクロティーチングとは，時間や内容，人数を縮小して保育する実習教育です。養成校内ででき，実際の現場実習よりも技術を身に付けたという報告（p.21参照）がいくつかあります。

　それでは，まずマイクロティーチングと実習教育の関連について解説したいと思います。

❶ マイクロティーチングと実習教育との関連について

　養成校の授業形態には，講義・演習・実習があります。養成校のカリキュラムは，講義で理論を学び，演習にて実技を学び，実習にて現場で理論と技術の融合を図るように工夫されています。「講義→演習→実習」のサイクルが繰り返されながら，学年が進むほど実習の割合が増え，実践的な授業が展開されるようになっています（図2-1参照）。したがって，「実習」は，講義などで学んだ理論や知識を実践し，その理論や知識を学生自身の子ども観や保育観と結び付けて統合的に体得することができる教科です。それゆえ，実習は保育者養成にとって欠くことができない重要な科目であり，保育者養成の集大成の科目と言っても過言ではありません。

　「実習」の教育的意義が重視され，実習が現場任せであったという反省から，

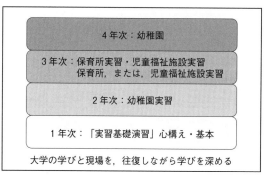

図2-1　4年制大学の実習システム（例）

　1991（平成3）年度の文部省の教育職員免許法の改訂において実習事前事後指導が導入されました。実習の効果を高めるために，実習前後の指導が重要となってきたのです。
　理論的な検討とともに，実証的な検討もなされてきた実習教育に，マイクロティーチングがあります。アレンとライアン（Allen & Ryan, 1969）やブラウン（Brown, 1975）によると，総合的な教育技術の向上を目的として始められたマイクロティーチングは，教育実習と教師教育の方法です。通常の授業に比べて少人数で，授業内容も縮小して短時間で教えることによって，特定の教授スキルを実習しトレーニングすることができる訓練方法で，実習生が教育現場で教える前に行うことができます。
　本来，マイクロティーチングは小学校以上の教師教育で実施されていました。それは，教科ごとに着席させて授業をすることが多い小学校以上の教育では，子どもの行動範囲が限られてビデオにも録画しやすく，分析しやすいためであるからです。
　まずは，小学校以上を対象として発展してきたマイクロティーチングについて解説します。

2 マイクロティーチングの発展

　マイクロティーチングの一般的な手順は，訓練生のロールプレイのレッスンをビデオで録画し，指導監督者もそれを観察していて，あとで評価するプロセスをたどります。
　アレンとライアン（1969），ブラウン（1975），井上（1985, 1986a, 1986b），志賀（1988）を参考にまとめると，1960年フォード財団（Ford Foundation）は，アメリカにおける教師教育のカリキュラム開発および，インターン教師の訓練プログラム開発を支援することによって教師教育の改善を図ろうとしました。このために，幅広い高等教育機関の約31の研究プロジェクトに研究資金を与えました。これらの研究プロジェクトのひとつにスタンフォード大学の研究があり，そのフィールドワークをもとにした研究論文は，多様で幅広く，訓練

プログラム上の教師の実践能力，子どもと教師との関係，さらに学校経営・管理上の課題や問題を評価する研究などが含まれていました。これらの研究がもとになってスタンフォード中等教育プログラム（The Secondary Education Program：SEP）として知られるようになり，さらに，スタンフォード・インターン・プログラムが組み立てられました。

❸ マイクロティーチングの方法

マイクロティーチングの訓練方法には，「マイクロ・レッスン」と「マイクロ・クラス」という2種類があります。

[1] マイクロ・レッスン

マイクロティーチングでは，教授行動を成り立たせている要因を綿密に分析します。マイクロ・レッスンでは，その教授行動を構成する要素を1つひとつ取り上げて訓練します。教授行動の主なものを表2-1に挙げました。

その他，マイクロティーチング・クリニックで取り上げた訓練内容には，探求方法，場面設定の仕方，例示の仕方，グループ討議，頻繁な発問，分散的な

表2-1 教授行動の要素

	要素	内容
1	動き	教室内の一か所に立ったままでなく，適度に動き回る。
2	身振り動作	頭や手や体の動きによって，話しことばのコミュニケーションを補う。
3	焦点づけ	特定の行動に子どもの注意を引きつける。
4	相互交渉の様式	教師対集団，教師対子ども，子ども対子どもなど，相互交渉のスタイルを変化させる。
5	間（ま）	話題を転換するための合図としたり，子どもの行動を中止して教師に注目させたりするために，教師の話の間に適度の間を置く。
6	感覚のチャンネルを変える	教材提示の方法を変えることによって，目から耳へ，耳から目へと感覚受容器官を転換する。
7	構えづくり	学習活動に取りかかる状態にする。
8	枠組み	学習したことを要約したり，既有の知識と新しい知識とを関連づけたりと，認知的な枠組みを形成する。そのため，いま学習したものをそれと類似の例や場面に当てはめたり，新しい場面に応用したりする。
9	沈黙と非言語的手がかり	教師の不必要なおしゃべりを少なくし，子どもに考える機会を多く与え，もっと参加させるために，沈黙と非言語的キューを使う訓練をする。 非言語的手がかりは4つの型に分類されている。 ⅰ．表情（微笑，しかめ面，厳しい目つき，からかうような目つき） ⅱ．からだの動き（答えている子どもの方を向いたり，動いたり，ポーズをとったり） ⅲ．頭の動き ⅳ．ジェスチャー（続けなさい，やめなさいなどと身振りで示すような非言語的キュー）
10	強化の技術	子どもを励まして，学習への参加を強める。

発問，探りを入れる発問，発問の程度を高める，繰り返す，など多数ありました。

[2] マイクロ・クラス

ここでは，20-30分ほどのひとまとまりの授業を行うので，目標設定から学習評価に至る，授業のすべての面を訓練します。

マイクロティーチングの方式が確立されるまでには，スタンフォード大学ではさまざまな方法を試行錯誤的に繰り返しました。そのなかでも興味深いのは，訓練生たちが数人1組のグループを作り，教師役と子ども役を交互に行う，いわば役割演技です。この方法は，現実の教室場面とは遊離して，芝居になりやすく厳しさに欠けてしまうため，どうしても本物の授業場面とはならなかったのです。しかし，教育実習の場合のように，学級を使って指導実習をするとなると，子どもへの問題が生じます。実習といえども子どもにとっては正規の学習であり，訓練により学習が犠牲になることは極力避けるべきです。そこでマイクロティーチング・クリニックを設け，近隣の子どもたちを連れてきて訓練に協力してもらったのです。クリニックでは授業を受けることが仕事になり，謝礼金を受けながら教えてもらえるという二重の満足が得られることになりました。クリニックが常設されたおかげで，訓練生たちは都合の良い時間を選んで気軽に訓練できるようになったとのことです。

そして，専門的知識や技術は教職に就いてからも習得しなければならないので，マイクロティーチングの最大の可能性は現職教育にあり，現職教師が授業方法をリフレッシュしたり，新しい授業方法やカリキュラムを安全に試行したりする機会を提供するとしています。

4 マイクロティーチングの有効性

マイクロティーチングの利点は，次のようなことにあると考えます。

①本物の授業場面の提供

教育実習のような訓練場面では，学校という教育現場で実際の子どもを指導しますが，本来は子どもを教授訓練の練習に用いることはできません。マイクロティーチングでは本物の授業場面を設定し，実習生や現職教師が特定の授業技術を獲得できる環境を設定できます。

②焦点を当てた授業行動の訓練

「マイクロ」という言葉は，授業に関連する要因の数を最小限にして訓練の焦点を明確にすることを意味しています。訓練目標を限定し，訓練する授業の時間も短時間とし，授業を受ける子ども数も5-6名で少人数です。訓練とは直接関係のない要因はできるだけ省略することによって，訓練生と指導者がある特定の授業行動だけに焦点を当てて指導と訓練をすることができるため，授

業技術に関する概念と行為が徹底して習得できます。
③即時フィードバック

　直ちにフィードバックすることによって，訓練の効果を高めることができます。そのために，短い授業をした直後に，授業のビデオテープの一部を見ながら指導教師の批評を受けます。また，その批評を考慮しながら，直ちに指導案を書き直し，再び授業と批評のセッションを繰り返します。

　実習教育での有効性が実証されており，アレンとライアン（1969）によると，スタンフォード大学のマイクロティーチングでは，週25時間の通常の教育実習をした学生と比較して，マイクロティーチングで10時間かけた学生の方が大学での成績が良かったことから，マイクロティーチングの教授効果は高いとされました。また，ブラウン（1975）によると，アレンとフォーチュン（Allen & Fortune, 1966）は，1日に1時間ずつ15日間マイクロ授業実験室で過ごした学生の方が，普通の学校の教室で3週間の授業をした学生よりも，マイクロ授業での成績が良かったことを報告しています。さらに，カレンバックとゴール（Kallenbach & Gall, 1969）はこの実験を追試し，2カ月後と9カ月後の教室での行動でもマイクロ授業を受けたグループの方が優れていたと報告しています。

　この時以降，多くの大学でマイクロティーチングの教育効果が検証されるようになりました。アメリカにおける1960年代から1970年代のマイクロティーチング研究の動向は，現地に留学した井上（1985, 1986a, 1986b）によって詳しくまとめられています。わが国の代表的なマイクロティーチング研究の多くは，国立大学の教育工学センターなどで行なわれており，それらの実践は，金子（2007）によって大学別にまとめられています。すべての論文で，マイクロティーチングにおける実習生の教育実践的側面の向上が示されていました。

2　幼児教育におけるマイクロティーチングの活用

　マイクロティーチングが，本来，小学校以上の教師教育で実施されていたことは，すでに述べました。保育では，保育者が直接的に指導するよりも，環境を用いて子どもの主体的活動を援助することで，間接的に教育することが重視されています。個々の子どもの主体的な活動を尊重するがゆえに，全員を着席させて同一の課題を行わせることも少ないでしょう。したがって，小学校以上の教育と比べて，保育は教授的側面が少なく構成度が低いことから，教授法としてのマイクロティーチングは保育において着目されなかったと考えます。

　しかし，保育の対象となる乳幼児は，言語発達が未熟で行動も多様性に富んでいることから，保育者は児童よりも言動を理解しにくいでしょう。それゆえ，マイクロティーチングを導入して，子どもと保育者との相互交渉を分析するこ

図2-2　マイクロティーチングのイメージ図

とは，子ども理解や指導法の学びに有効と考えます。さらに，保育者は子ども集団を適切に指導して，個々の主体性や自主性が育まれる集団を育てる保育技術を身に付ける必要があります。筆者は保育技術における集団指導方法の獲得にあたっても，マイクロティーチングは最適だと考えています。

　実際に，現在の保育者養成では，学生が保育者役と子ども役になる模擬保育が授業で行われることがあり，経験的に効果があることは理解されていると思います。しかし，明確な力量形成の枠組みから有効性について検証したデータは見当たりません。そこで，筆者は，マイクロティーチングを保育の実習指導に導入して，力量形成を図りました。

1 マイクロティーチングの種類
[1] 子どもを保育するか否かの区分

　マイクロティーチングには，実際に子どもを保育する場合と，子ども役の大人を保育する場合があります。筆者は，後者を**簡易型マイクロティーチング**と呼んで，区別しています。本来は子どもを保育する方が現場に近い状態となって望ましいのですが，現実的には難しいでしょう。そこで大人が子ども役となることがあります。いわゆる役割演技であり，模擬保育と言われるものです。模擬保育は漠然となされることが多いと思いますが，本書では力量形成との関連から詳細な分析を行います。さらに，大人が子ども役となる時は，恥ずかしさからふざけて，真剣さに欠けることがありますので気を付ける必要があります。

小学校の場合

幼稚園の場合

図2-3 小学校と幼稚園のちがい

[2] 事前指導強化型とフィードバック強化型

　保育実践の前に詳細で綿密な指導案を作成する場合を「事前指導強化型」，概略的な指導案を作成して保育を実践し，実践後の反省と評価を充実させる場合を「フィードバック強化型」としています。子どもの実態を把握し，保育の流れを理解できる中堅保育者は「事前指導強化型」が，子どもの行動の予想がつきにくい保育科学生や経験の浅い保育者は「フードバック強化型」の方が効果的です。

[3] マイクロ・レッスンとマイクロ・クラス

　マイクロティーチングには，保育技術の要素を取り出して焦点づけて実践し，その反省点を生かしてさらに実践を行う「マイクロ・レッスン」と，20分から30分のまとまりのある活動を「ねらい」を立てて，一連の流れ（導入→展開→まとめ）で実践し，評価し反省する「マイクロ・クラス」があります。

　マイクロ・レッスンの保育技術のリストは，表2-1にありますし，表2-4「指導監督者用マイクロティーチングでの行動評定」の項目を参考にしても良いと思います。マイクロ・クラス後に自分が不得意な保育技術が見つかった場合は，その後のマイクロ・クラスの中でその保育技術について意識的にトレーニングすることができます。

❷ マイクロティーチングの概要の説明

　指導監督者がマイクロティーチング（マイクロ・クラス）の概要を説明し，マイクロティーチングの意義や方法を理解してもらいます。
　たとえば，次のような内容です。

　①マイクロティーチングは保育技能を向上するため実習教育で，画期的なトレーニング方法であること。

表 2-2 「環境構成」を主体としたマイクロティーチング指導案

月　　日（　）訓練生＿＿＿＿＿＿＿＿　　歳児　場所＿＿＿＿＿＿＿＿

主な活動				
ねらい				
時間	環境構成		子どもの活動	保育者の援助と配慮
反省				

② 「マイクロ」とは，短時間に少人数に保育するという意味であること。
③ マイクロティーチングには「マイクロ・レッスン」と「マイクロ・クラス」があること。
④ 今回のトレーニングの「マイクロ・クラス」では，主な活動の選定，ねらいの設定，保育実践，評価など，指導案作成から反省・評価をも含む一連の保育を行うこと。
⑤ 対象は，実際の子どもの他，大人を子ども役にする場合があること。
⑥ 録画や録音により保育を記録して，保育過程を確認しながら省察し，同じ内容を繰り返して保育を改善してくこと。

3 指導計画の作成

　子どもの人数（5，6人を目安），対象年齢を決めて，20分－30分のまとまった活動を「主な活動」あるいは「テーマ」として選択します。収録する場合は，子どもの活動範囲が狭い活動，たとえば製作などを選択した方が良いと思います。

　指導案の形式（表2-2）は，「環境構成」を主体としたものを掲載しましたが，訓練者が慣れていて書きやすい形式を使用して構いません。訓練者の保育実践の経験が少ない場合には，作成後に，「指導案作成の留意点　チェックリスト」（表2-3）にてチェックして指導案の記載内容が整っているかを確認します。そして再度，指導案を練り直します。

4 保育実践

　指導監督者は，保育者役の保育技術や，子ども（役）の行動を表2-4のチェックリストで評定して助言に役立てます。

　保育実践を収録した方が，確認しやすいので省察の際に効果的です。ただし，

表2-3 指導案作成の留意点 チェックリスト（粕谷，2015を参考に金子智昭が作成）

1．マイクロティーチングのテーマ設定
　主な活動：（　　　　　　　　　　　　　　　　　　　　　　　　　　　　　）

2．指導案について以下の項目を読んでチェック（✔）してみましょう。チェックから外れた項目は，できる限り修正して，より洗練された指導案を作成しましょう。

- ☐ ①ねらいは，子どもの「心情・意欲・態度」の視点から記されているか。
- ☐ ②ねらいは，5領域（健康，人間関係，環境，言葉，表現）を意識して記されているか。
- ☐ ③「子どもの活動」は，「ねらい」を達成するためにふさわしい経験になっているか。
- ☐ ④「子どもの活動」は具体的に分かりやすく記されているか。
- ☐ ⑤時間配分は適切か。
  （※たとえば，"制作時間が長すぎて作ったもので遊ぶ時間が無くなる"などは良くありません）
- ☐ ⑥「子どもの活動」の導入部分は，子どもが興味・関心を持てるように工夫された内容になっているか。
  （※たとえば，絵本・紙芝居・ペープサート・パネルシアター・手遊び・素話など）
- ☐ ⑦「子どもの活動」は，子どもの活動を制限せず，子どもが創意工夫できる柔軟性のあるものとなっているか。
- ☐ ⑧「子どもの活動」は，子どもの年齢や発達過程に適した内容となっているか。
  （※たとえば，"子どもにとって簡単すぎたり難しすぎたりする活動"などは良くありません）
- ☐ ⑨環境構成には，使用する材料や道具の名前，必要な数量，活動における具体的な準備について記しているか。
  （※たとえば，"どんぐりを煮沸する"，"1週間前にカエルを捕まえてクラスで飼う"，"アジサイを窓際に飾っておく"，"子どもの前でする話の内容"など）
- ☐ ⑩環境構成の構成図には，全体の位置関係や方向が分かるような目印となるものを描いているか。
- ☐ ⑪環境構成は，時間経過や活動内容によって変化するか。
  （※たとえば，"子どもが制作を発表する舞台を用意する"，"環境が室内から園庭に移る"など）
- ☐ ⑫「保育者の援助と配慮」には，子どもの健康や安全に充分配慮した内容が記されているか。
- ☐ ⑬「保育者の援助と配慮」には，あらゆる子どもの姿を想定して多様な視点から記されているか。
  （※たとえば，"飽きた子や早く終えた子に対して具体的にどのような援助をするか"など）
- ☐ ⑭「保育者の援助と配慮」には，それを行う理由や意図についても記されているか。
  （※たとえば，「子どもが自ら進んで片付けができるように"今○○時だよ"と声を掛け，片付けに自然と意識が向くように促す」など）
- ☐ ⑮「ねらい」「子どもの活動」は子どもが主語に，「環境構成」「保育者の援助と配慮」は保育者が主語になっているか。
- ☐ ⑯図絵を挿入する・小見出しをつける・行を揃えて書く・環境構成図に定規を使うなど，誰もが読みやすいように丁寧に記されているか。
- ☐ ⑰指導案には，"保育者としての願い"が込められているか。
  （※たとえば，"私が大好きだから子どもにも経験して欲しい"など，自分なりの想いや願い）

3．上記のチェック・リストを参考に，指導案の修正箇所を書いてください。

_____

_____

_____

_____

表 2-4　指導監督者用マイクロティーチングでの行動評定

　下記に保育者や子どもの行動が具体的に記載されています。マイクロ実践の1回目と2回目に分けて，該当する項目に「✔」を付けてください。

Ⅰ．保育者に対する行動評定

1回目　2回目　〈保育技術・態度〉
□　　　□　①保育内容の理解度：活動内容とねらいを十分把握して指導にあたっていた。
□　　　□　②保育内容の充実度：導入・展開・まとめといった段階にそって保育内容を充実させていた。
□　　　□　③手順：子ども（集団）が混乱せずに次の活動に移行できるような手順をとっていた。
□　　　□　④予想外の子どもの行動への対応：予想外の幼児の行動に適切に対応していた。
□　　　□　⑤余裕：子ども（集団）の行動を予測したりするような余裕があった。
□　　　□　⑥言葉かけ：子どもが理解しやすいような言葉かけを工夫していた。
□　　　□　⑦指導の修正：指導に手違いが生じたとき，すぐに修正できた。
□　　　□　⑧個別指導：集団の活動経過に考慮しながら，個別指導を行えた。
□　　　□　⑨不参加児などへの対応：落ち着かず活動をやらない子などを，無理なく活動に引き込んでいた。
□　　　□　⑩間の活用：「間」を活用していた。
□　　　□　⑪注意の集中：幼児（集団）の注意をよく引きつけていた。
□　　　□　⑫タイミング：具体物の提示や言葉かけなどのタイミングが良かった。
□　　　□　⑬発言の取り上げ方：子どもの発言を不満が生じないように適切に取り上げていた。
□　　　□　⑭正の強化の利用：誉めることを適切に活用していた。
□　　　□　⑮負の強化の利用：禁止・叱責・無視などを適切に活用していた。
□　　　□　⑯発想の取り上げ方：子どもの発想を取り上げて，それを援助することができた。
□　　　□　⑰主体的活動の尊重：指導が押しつけとなっておらず，子どもの主体性が尊重されていた。
□　　　□　⑱幼児心理の理解：子どもの心理状態をくみとって指導を行っていた。
□　　　□　⑲指導態度：子どもに明るく，やさしく，さわやかに接することができた。

1回目　2回目　〈環境配置〉
□　　　□　⑳子ども集団の位置：子どもたちの位置や間隔は適切だった。
□　　　□　㉑保育者の位置：保育者の位置は適切だった。
□　　　□　㉒人的環境の配置：保育に支障がないように，保育者・子どもたち・観察者が配置されていた。
□　　　□　㉓環境設定：指導場所の特徴を生かして環境を設定していた。
□　　　□　㉔教材・教具の準備：教材・教具などの準備は十分行われていた。

Ⅱ．子どもに対する行動評定

1回目　2回目
□　　　□　①遊戯性：活動内容を楽しんでいた。
□　　　□　②自由度：のびのびと活動していた。
□　　　□　③主体性：自主的・主体的に活動に参加していた。
□　　　□　④発展性：課題を自分なりに発展させていた。
□　　　□　⑤満足度：この活動に満足していたようだった。
□　　　□　⑥持続性：実地指導終了後，この活動と関連のある活動を行うと思う。

2　幼児教育におけるマイクロティーチングの活用　27

表2-5　マイクロティーチング実践場面の録音分析方法

第　回マイクロティーチング行動観察表　　　　　＊言動の解釈・理由は（　）でくくること
　　　　　　　　　　　　　　　　　　　　　　　＊活動の区切りには時間を入れること

時間	保育者の言動	保育者と相互交渉のある子ども（たちの言動）	他の子どもの言動	配置図および環境設定	反省
1)		事実・・・ありのままに書く。対応をつけて書く。言葉「　」でくくる。言動の解釈・理由は（　）でくくること。			
2)		子ども全体の行動　↓　保育者が個々に対応していくうちに分かれる。			
	例 ①「もうすぐクリスマスだね。みんなはサンタクロースを知っているかな」と言葉をかける。	全員 「知っている」と大きな声で答える。	AとBがたたき合いをする（どうも仲が悪いらしい）（AがBをつついたらしい）	Ⓐ Ⓣ　Ⓑ　窓 　　Ⓒ 　　Ⓓ Ⓕ　Ⓔ	
	②（紙芝居を読むために）ひざに紙芝居を置き「床に座りましょうね」と言う。	「ぼくが先，私が先」と言いながら保育者の足元に集まってくる。			
	③「マッチ売りの少女よ」と説明する。	「何の本？」とCが質問する	他の子は先をあらそって前に行こうとする。		集合する位置を説明すればよかった。

3)　である調，だ調で書く。です，ます調は不可。

4)　相互交渉の方向を ←―― 入れておくこと。

5)　活動の区切りには時間を入れる。

6)　マイクロティーチング行動観察，基礎資料を添えて出す。
　　　対象児名は記号化して配置図に記入しやすくする。

7)　観察者　┌ L；保育者を主に観察する人
　　　　　　│ W；保育者と子どもたち全体を主に観察する人
　　　　　　└ N；特定の子どもを主に観察する人

8)　録音（録音を再生して記録を書く）。
　　テープレコーダーを子どもが気づかないような場所で全体が録音できる位置に置く（配置図に場所を記入）。事前に電源を入れておき，気づかれないように配慮する。

あくまでも訓練者や子ども役の意志を尊重することが大切です。録音のみでも実践状況がくみ取りやすいようです。実際に子どもを保育する場合は，保護者の同意が必要になりますが，いずれにしても目的を明確にして，撮影許可を得ることを忘れないでください。

5 省察と指導案修正

保育実践の収録をもとに振り返りますが，表2-5のように文字化するとより客観的に省察できます。指導計画を修正して，同じ内容で保育実践を行います。この一連の流れを繰り返しますが，繰り返しの回数は，訓練者と指導監督者の間で状況に合わせて決めて構いません。

3 保育者養成校の授業での実践例

数十人が受講している養成校での授業実践例を紹介します。

受講生が多い場合は，全員が保育者役になって保育実践を行うことは時間的制約の関係から不可能です。そこでグループを作り，その中で保育者役，子ども役，観察者の役割を決めて，マイクロティーチングを行います。まず，構成人数が7，8人程度のグループを，偶数個作ります。偶数というのは，2つのグループをペアにすることができて，お互いに相手のグループを子ども役にして保育を実践し合うのに都合が良いからです。

紹介する事例は，保育者志望学生1年次生約40名を対象にしています。保育施設の見学はしているものの，全員が実習体験はありません。筆者は「保育心理学」や「教育心理学」などに関連する演習科目で，『教授・学習』『測定・評価』の内容としてマイクロティーチングを計8コマ（1コマ90分）実施しました。マイクロティーチングはディープ・アクティブ・ラーニングとして位置づけています。マイクロティーチング終了後は，体験を条件づけやモデリングなどの学習理論，発達や認識を考慮した教示手順などの教授法，観察法による測定やその記録をもとにした評価などの観点から捉え直して，科目内での実施の意義を明確にしました。

1 指導方法

保育者志望の1年次学生約40名について，構成人数が約7人のグループを，6グループ編成し，リーダーと副リーダーを選出させ，指導監督者（科目担当教員：筆者）の指示が通るようにします。

(1) 1コマ目：指導監督者がマイクロティーチングの説明をします。さらに保育実践体験のない学生のため，指導案作成の留意点を講義します。各自が指導案を作成することは，次回までの宿題にします。

表2-6　マイクロティーチング行動観察基礎資料

```
第____回マイクロティーチング行動観察基礎資料

 1．日時：_____年____月____日
         ____時____分～____時____分（____分間）


 2．場所：_____


 3．対象児：年齢_____歳，人数_____人

         対象児氏名    _____    _____
                      _____    _____
                      _____    _____


 4．マイクロティーチング・グループ：指導監督者氏名_____

   1)_____年_____組_____班

   2)保育者氏名_____

   3)観察者氏名  ┌ L―保育者を主に観察する者   W―保育者と子どもたち全体を主に観察 ┐
                │ する者   N―特定の子どもを主に観察する者   P―指導案提案者      │
                └ ㊡―観察時休みの者                                              ┘

         _____(  )  _____(  )  _____(  )  _____(  )
         _____(  )  _____(  )  _____(  )  _____(  )
         _____(  )  _____(  )  _____(  )  _____(  )

 5．指導題目

 6．ねらい
```

(2) 2コマ目：指導案作成の宿題を確認し，その中からグループ別にマイクロティーチング用の指導案を1つ選出します。表2-3（p.25）の観点をもとにチェックして，指導案の修正を行います。

(3) 3コマ目：教材作成，指導手順や技術などの検討のため，グループ内で保育者役と子ども役になって模擬保育を行います。保育者役学生は，実践直前に指名することを告げ，全員が模擬保育にて練習するように促します。

(4) 4コマ目：1回目指導実践(20-30分)：グループのペアをつくり，グループ同士で互いに保育を実践します。保育者役学生は，指導案提案者を除いて実践直前にくじで決めます。保育者役学生は相手のグループの学生を子ども役にして保育します。保育するグループでは，保育者役学生以外は観察者となって，保育者中心，保育者と関わる子ども，その他の子

表2-7　修正指導案

対象年齢：5歳児
テーマ：「電車くんの一生」（電車ゲーム）
ねらい：ジャンケンを理解する・音楽に合わせたゲームを楽しむ
　　　　ルールを理解し，ゲームを楽しむ。

時間	環境構成	子どもの活動	保育者の援助と配慮	
0	（Ｔと子どもが円になっている図）	・保育者の周りに集まり，その場に座る。 ・保育者の話を聞く。 ＊電車を知っているか，乗ったことがあるか ＊電車はどんなものか 修①歌の練習をする。	・子どもたちに集まるよう声をかける。「先生が見えるところに集まって座ってね」 ・導入の話をする。 「みんなは今日ここまで何で来た？ 先生は電車で来たんだよ。電車って長いよね。あれは1つひとつがガッチャンってつながって長くなってるんだよ，知ってた？ 今日はみんなが電車になりきって遊ぶゲームを考えてきました。」 ・ゲームの紹介をする。 「これから，電車くんの一生っていうゲームをしたいと思います。」 ・前に座っている子1人に手伝いをお願いして前に出てきてもらう。 「じゃあ○○ちゃん前に出てきて手伝ってくれる？」 ・見本を見せながら説明する。 「みんなには1番から3番までの歌に合わせて電車になりきってもらいます。まず1番は歌に合わせて1人ずつ電車になって走り，最後の"ガシャン"の部分で友だちと向き合ってジャンケンをしてください。勝ったら運転手（前），負けたらお客さん（後ろ）になるのを続けていき，電車が一列になるまでやります。」 ・子どもが理解できたか確認する。「分かった人─？」	修① ・歌の練習をする。 ・みんなも歌いながらやってねと声をかける。 修② 問いかけをしながら理解を促す。 修③ "ハイタッチをしてから" 修④ 「ジャンケンは先生がかけ声をかけるのでそれまではジャンケンしないで待っててね」
3	（ピアノとＴ，子どもの配置図） （ピアノとＴ，子どもが一列の図） （ピアノとＴ，子どもが一列の図） ・後ろから順番に座っていく	・保育者の説明（1番）を聞く。 ・説明（見本）の手伝いをする子どもが1人前に出る。 [1番] ＊歌に合わせて1人ずつ電車になって走り，最後の「ガシャン」の部分で友だちと向き合ってジャンケンをする。 ＊勝ったら運転手（前），負けたらお客さん（後ろ）になるのを続けていき，電車が一列になるまで行う。 ・電車くんの一生1番のルールを知る。		
7	（ピアノとＴ，子どもが散らばる図） ・保育者が近くの子ども同士でペアを作る。 （ピアノとＴ，ペアの図） （ピアノとＴ，配置図）	・1番のみ実際に行う。 ・全員一列になったらその場に座る。 ・保育者の説明（2番）を聞く。 [2番] ＊「ドン」という音がしたら一番後ろの人から順番に1人ずつその場に座る（電車の切り離し）。 ＊運転手は座っている人をよけて走り，全員が座るまで続ける。 ・2番のルールを知る。 修②練習を通して	・1番のみを行うことを伝える。 「じゃあ，まず1番だけやってみよう。みんな立って広がってください。」 ・1番のピアノを弾く。 ・"ガシャン"や"じゃんけんぽん"など必要なところで声かけを行う。 ・全員一列になったら，その場に座るように伝える。 ・2番の説明をする。 「2番は先生が「一日中電車は働いたのでそれぞれお家に帰ります」と言ったら，一列になったまま出発して，歌の最後の"ドン"という部分で一番後ろの人から順番に1人ずつその場に座って電車が切り離されます。運転手は座っている人をよけて走り，全員が座るまで続けます。」 ・子どもが理解できたか確認する。「分かった人─？」	修⑤ 相手がいない子がいないか確認する。 修⑥ 子どもに実際にやってもらい，問いかけをしながら理解を促し，練習の時間を設ける。 修⑦ みんなで「ドン」とかけ声を言いながら
12		・立ち上がり，実際に2番を行う。	・2番を行うことを伝える。 「じゃあ2番をやってみよう。立って前のお友だちの肩に手	

どもというように観察分担を決めます。検討後は，修正点を明らかにして，2回目の実践に備えて指導案を修正します。分担を明確にするために，リスト表（行動観察基礎資料；表2-6）を作成して氏名を記入させると，整理しやすいです。
（5）5コマ目：2回目指導実践（20-30分）：グループを代えて，同様に互いに保育を実践します。
（6）6コマ目：保育実践を評価・反省して，修正指導案を作成します。表2-4にて保育者役の保育技術や，子ども役の行動を参考すると，評価・反省に役立ちます。
（7）7コマ目：修正箇所を明確にした指導案（例：表2-7）を全員に配布して報告します。このことで体験を共有します。
（8）8コマ目：指導監督者の総評により，マイクロティーチングの学習成果と授業目標との関連性を確認します。

2 テーマの例

　保育実習が予定されている時期や，マイクロティーチングが実施される時期にあったテーマ設定がなされることが多いようです。たとえば，1月ならお正月，2月なら節分，3月ならひな祭りなどがテーマになるでしょう。保育経験が少ない場合は，比較的静かな活動（クリスマスカード作り，福笑い，など）が適当と思いますが，慣れてきたら動きのある活動（フルーツバスケット，電車くんの一生，ねずみくんのチョッキリレー，じゃんけん列車，など）を選択して，集団に対する指導もトレーニングした方が良いでしょう。

3 留意点

　本来は学生全員が保育者役になってほしいのですが，実際の養成校の過密なスケジュールの中では難しいと考えます。そこで，グループ単位でマイクロティーチングを行いましたが，グループ内にはマイクロティーチングに取り組む意欲に個人差があり，意欲向上を図る必要性が出てきました。たとえば，保育を実践するグループ内では，保育者役学生や指導案提案者は意欲的ですが，その他の観察者の中には仕方がなく参加しているという者も含まれます。そこで以下のような工夫をしました。

（1）指導案作成という宿題をしてきた学生をチェックして評価します。このように，努力を認めて参加意欲を高めます。
（2）保育実践直前に保育者役学生を発表してどの学生も保育者役となる可能性を高めて，すべての学生が保育過程を把握できるようにします。
（3）保育実践1回目と2回目では保育者役学生は異なるようにし，少しでも多くの学生が関与する機会を増やします。

（4）指導案提供者は保育過程を熟知していると考えられることから，保育者役になるのは遠慮してもらいます。
（5）保育するグループでは，観察者の学生は複数であるため，保育者役学生中心・保育者役学生と幼児全体・特定の2，3人の幼児の3通りに観察を分担します。視点を分けて観察することで，指導全体を詳細に把握できるようにするとともに，役割を明確にして観察意義を高めます。
（6）保育されるグループの学生は子ども役になります。対象年齢の子どもを想定して演じることになりますが，恥ずかしさからふざけて現実性が乏しくなることがあります。あるいは演じきれなくて，かなり大人っぽい物わかりの良すぎる子どもとなることがあります。指導監督者は，発達特徴をとらえて再現する重要性を強調します。
（7）経験の拡張のため指導実践用指導案を全員に配付し，活動の内容と配慮点を公表して，他の班の活動に興味や関心をもたせて，経験を共有させます。
（8）「難しさ」について

　　マイクロティーチングを行うと，多くの学生は保育実践の「難しさ」を感じます。特に，子どもを指導する事前指導強化型マイクロティーチングでは，保育者役学生が「難しさ」を実感すると萎縮してしまい，その後の保育者志望の低下を招くことがありました。事前に一生懸命に準備をしたのにもかかわらず，子どもを教えるという現実性の高い場面でうまくいかないという「難しさ」を実感すると，将来，保育者になった時の不安につながるのかもしれません。

　　ただし，学生が子ども役となる簡易型マイクロティーチングでは「難しさ」は学習意欲を向上させていました。模擬的な保育場面で「難しい」がゆえに，授業をしっかり受けようと思ったようです。模擬的場面であったがゆえに，決定的なショックにならなかったのかもしれません。「難しい」ことを実感させるプラス面とマイナス面を考慮しながら，マイクロティーチングの訓練にあたる必要があると考えます。

4 子どもを対象にしたマイクロティーチングの実施について

　実際に子どもを対象に保育実践を行うためには，附属園または協力園との関係を密接にしていくことが必要となります。養成校に近接した協力園があれば，研究協力体制を密にすることで実現可能ですが，その場合，協力園から子どもをつれてくるより，養成校から学生が出かける方が容易と考えます。その際ビデオカメラ，テープレコーダー等記録用機器を持参する必要があるでしょう。
　また，宮田（2003）は，Webベースのティーチング・ポートフォリオを活用して，教育実習前学生にマイクロティーチングを実施して効果をあげています。ティーチング・ポートフォリオとは「授業づくりの活動の中で発生するさまざ

まな情報を目的のもとに選択し，体系づけて時系列に編集したもの」であり，具体的には教師が自分の授業改善のために，学習指導案や授業場面の動画クリップや写真，教材プリント，単元指導計画，単元目標リストと学習者の達成度，授業リフレクションのコメントを体系づけて時系列に編集したもの全体を指します。また，パソコンを用いて大学にて遠隔操作を行うことで，保育・教育現場と研究室をつなぐことができ，マイクロティーチングの実施が容易になると考えます。

4 マイクロティーチングの効果測定と発展性

1 マイクロ実践に対する分析

指導監督者が，保育者役や子ども（たち）の行動を分析して，アドバイスに用います。行動チェックリスト（表2-4）を参考にしてください。

2 マイクロティーチングの有効性の確認

保育者役は，表2-8の「マイクロティーチング有効性測定尺度」に回答して，どのような学びがあったかを確認して，〈自分の学びについて〉の欄に記入してください。子ども役，また観察者がいた場合も同様に有効性を確認してください。子ども役は学習者の立場としての学び，観察者はモデリング効果による学びがあります。

3 保育者の力量形成への有効性の確認

保育者役，子ども役，観察者全員が，終章の「3．力量形成を自己チェックしてみましょう」に回答して力量形成の程度を記入し，プロフィールを描いて確認して，力量形成について検討してください。

4 保育者養成から現職者に至るまでのマイクロティーチングの応用

筆者は保育者の力量形成を段階的に捉えました。養成段階ではマイクロティーチングを行って，保育技能（基礎的力量）を形成することを，現職段階では基礎的力量の精練により保育の模索が高度化し，それが保育者の専門性の向上につながることを示しました。そこで，マイクロティーチングを導入して，技能向上の力量形成ばかりでなく基礎的力量を見直して洗練することを提言します。マイクロティーチングを軸に，養成と研修が結びつく力量形成援助モデルを図2-4に示します。基礎的力量の技能⑤⑥⑦⑧を駆使して技能向上⑩⑪⑫がもたらされることを示してあります。

[1] 保育科学生へのマイクロティーチングの応用

図2-4より，保育科学生では，実習事前事後指導として実習段階間にマイ

表2-8 マイクロティーチング有効性測定尺度

マイクロティーチングを通して,自分自身にどのような効果がありましたか?
次の項目を読んで「4.あてはまる」「3.少しあてはまる」「2.あまりあてはまらない」「1.あてはまらない」のうち,いずれか1つを選んで,その番号を○で囲んでください。

保育技術	
①保育技術:発言の取り上げ方 　(実地指導における子どもの発言の取り上げ方を学んだ)	4－3－2－1
②保育技術:負の強化 　(実地指導における禁止・叱責・無視などの活用の仕方を学んだ)	4－3－2－1
③保育技術:正の強化 　(実地指導におけるほめ方の活用の仕方が分かった)	4－3－2－1
④指導の流れへの理解:「活動」間の連携 　(子ども(集団)が混乱せずに次の活動に移行するような指導を計画する方法を学んだ)	4－3－2－1
⑤保育技術:注意の集中 　(実地指導における子ども(集団)の注意の引きつけ方を学んだ)	4－3－2－1
⑥不参加児などへの対処 　(落ち着かず活動をやらない子などを,無理なく活動に引き込む方法を学んだ)	4－3－2－1
⑦ポイントの置き方:活動の盛り上がり 　(子どもの活動が高まるような指導過程を考えて立案することを理解できた)	4－3－2－1
学習状態の認識	
⑧学習状態のメタ認知:保育者の資質 　(保育者として,自分の良いところ,改めなければならないところが分かった)	4－3－2－1
⑨学習状態のメタ認知:保育技術 　(子どもを指導するうえで,自分はどのような保育技術を身に付けなければならないか分かった)	4－3－2－1
⑩学習状態のメタ認知:学習知識 　(子どもを指導するうえで,自分にはどのような学習知識が不足しているか分かった)	4－3－2－1
学習意欲	
⑪学習意欲:自己学習 　(マイクロティーチングをして,自分から進んで学習しようと思った)	4－3－2－1
⑫学習意欲:講義(講演)聴講への意欲 　(マイクロティーチングをして,講義(講演)をしっかり聴こうと思った)	4－3－2－1
⑬自己課題の発見 　(保育者として,今後の自分自身の学習課題を見出すことができた)	4－3－2－1
指導の難しさ	
⑭立案の難しさの自覚 　(1つひとつの子どもの活動についても,その過程を考えながら深く意味を追求して書くといった立案の難しさを理解した)	4－3－2－1
⑮実地指導の難しさの自覚 　(実際に子ども(集団)を指導することは難しいと実感した)	4－3－2－1
幼児理解	
⑯個人差の理解 　(年齢が同じでも個人差が相当あることを実感した)	4－3－2－1
⑰幼児の発想の豊かさ 　(子どもの発達の豊かさに気付いた)	4－3－2－1
⑱年齢別活動内容の理解 　(年齢別の「経験と活動」の内容の違いが分かった)	4－3－2－1
指導案の書き方	
⑲形式に沿った書き方の理解:各欄の関連性 　(指導案の「環境構成」「子どもの活動」「保育者の援助と配慮」などの各々の欄を関連させて記入する方法が理解できた)	4－3－2－1
⑳形式に沿った書き方の理解:書式 　(指導案の「環境構成」「子どもの活動」「保育者の援助と配慮」などの各々の欄を区別して書く方法が理解できた)	4－3－2－1

〈自分の学びについて〉

_____

_____

_____

4　マイクロティーチングの効果測定と発展性　35

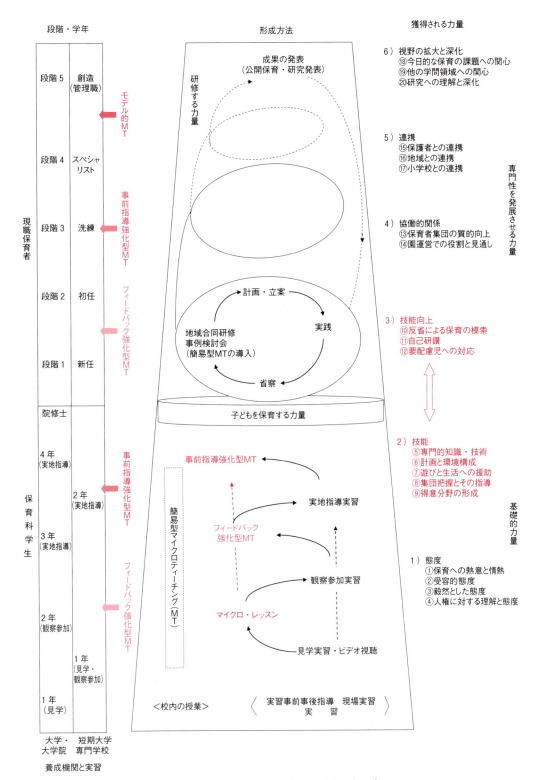

図 2-4　マイクロティーチングによる力量形成モデル

クロティーチングを組み込み,「見学実習・ビデオ視聴→マイクロ・レッスン→観察参加実習→フィードバック強化型マイクロティーチング→実地指導実習→事前指導強化型マイクロティーチング」と進みます。事前指導強化型の方がフィードバック強化型よりも難しいことから,実地指導実習後に設定しました。指導方法の授業では簡易型マイクロティーチングを行い,逐次理論と技術の融合を図ることを提言します。マイクロ・レッスンとは個々の要素的な保育技術を訓練する方法です(p.23参照)。

　保育者養成機関別にマイクロティーチングの活用を検討すると,現在の文部科学省の教育職員免許法において,幼稚園の教員免許状は4年制大学で1種,短期大学では2種が取得できます。4年制大学という2倍の養成期間においては,幼稚園での観察参加とマイクロ・レッスンを繰り返したり,実習成果をマイクロ・クラスで確認したり,幼稚園や保育所に就職の決まった学生に対して応用的な保育技術を身に付けさせたりと,特別支援教育での指導法の検討なども含めてさまざまな活用が可能となります。また,大学院修士課程においては専修免許が取得できることから,マイクロティーチングにより高度な保育技術を身に付けることも可能です。このような観点から,基礎的力量の形成ばかりでなく,専門性を発展させる技能向上の力量(⑩⑪⑫)の形成も可能となると考えます。

[2] 現職保育者研修でのマイクロティーチングの導入

　現職研修でも,保育技術や指導手順の確認を行います。現職保育者の力量レベルによってマイクロティーチングの種類を使い分けることも重要です(図2-4参照)。

　岡田(1982)は事例検討の際にロールプレイを導入すると効果的であるとしています。対象児(特定の子ども集団)への指導方法の確認に簡易型マイクロティーチングは効果的であると考えます。現職研修のマイクロティーチングは対象児(集団)が特定されているため,個性に合わせた具体的な立案が可能となり,そこが学生を対象に実施するマイクロティーチングとの違いと考えます。

　秋田(2000)の保育者の発達段階モデルを参考にしてまとめると,「段階1:実習生・新任の段階」は『現場にて保育はするが,まだ一人前として扱ってもらえない段階』,「段階2:初任の段階」は『理論に基づいて保育できるが,自分の行為の理由や説明ができない段階』,「段階3:洗練された段階」は『保育の専門家としての意識をもち,事実から判断できる段階』,「段階4:複雑な状況に対処できる段階」は『保育のスペシャリストとして自律的に働くことができ,地域連携や園運営にもかかわる段階』,「段階5:影響力のある段階」は『保育実践の創造者となり,他のスタッフの責任も負う段階』と考えられます。

　段階1と段階2の現職者は,保育の状況について明確な読み取りができないと考えられるので,指導実践後の反省に重点を置いたフィードバック強化型が

望ましいです。

　段階3の現職者は，保育の経過を予測できることから，指導実践前に綿密な計画を立てて保育状況を予測する事前指導強化型のマイクロティーチングが望ましいです。

　段階4・5の現職者は，マイクロティーチングを行っての保育実践の模範を示せる立場になれます。さらに段階5の現職者は，管理職として研修を組織する立場になると予想されます。マイクロティーチングをビデオに収録して，後日，事例検討の場で討議することも有効と考えます。

　それでは第3章では対人能力を高める実践を紹介しましょう。

第3章

対人関係能力を高めましょう
―面接ロールプレイの活用―

　第1章では，保育者のストレス対処として，対人関係能力の向上が重要であるとしました。特に中堅以降の保育者にとっては，園内の人間関係の調整，保護者対応などで，良好な人間関係を形成する能力が求められるでしょう。

　対人関係能力を形成し向上させる効果的な訓練方法に，面接ロールプレイがあります。模擬的な面接場面を構成して，聴き手（例：保育者・教師・カウンセラーなど）と話し手（例：養育者・クライエントなど），そしてオブザーバー（観察者）の3人1組で面接ロールプレイを行います。筆者らの研究（金子・金子，2016）では，このロールプレイの効果として，対人関係効力感（例：うまくアドバイスできるようになった，誰とでも気軽に話せるようになったなど），友人との葛藤解決効力感（例：意見が一致しなかった時にお互いが納得するような見解を見つけることができるようになった，誤解された時は丁寧に説明して誤解を解くことができるようになったなど）が向上していました。

　それでは，面接ロールプレイについて解説したいと思います。

■ 1　実施方法

　面接ロールプレイの手順は，表3-1「面接ロールプレイの手順」に流れを示しましたので，参考にしてください。

❶ 3人1組になって聴き手・話し手・オブザーバー役を決めます

　1セッションを3回繰り返し，ローテーションすることで各自が3役を体験します。

❷ 面接ロールプレイのパターンを決めます

　AからEのパターンがあり，段階的に1セッションの時間が長くなっています。初心者ならAパターンですし，慣れてくるにしたがってロールプレイの時間を長くすると良いと思います。

　たとえば，パターンAでは，面接時間は5分になっています。記録や検討の時間を入れると1セッション20分間かかります。3セッション行いますので，

表 3-1　面接ロールプレイの手順

方法とパターン	A	B	C	D	E
①話題のイメージ・アップ 　話し手（Cl）：話したいこと，感じたこと，伝えたいこと，などのイメージ・アップ。問題解決が目的ではないので話題を選ぶこと。	1分	1分	1分	1分	1分
②ロールプレイ 　話し手は，できるだけ話したいこと，伝えたいことなどを時間まで話す。 　聴き手（Co）は，できるだけ普段のままの自分で聴いてみる（"カウンセラー"の形を意識しない）。 　オブザーバー（Ob）は，タイムキーパーをやりながら，気持ちは聴き手になって聴く。時間がきたら，話が途中でも打ち切る。 　1）時間途中で話が終わった時は，双方の合意で終わっても良い。 　2）3者の位置は自由だが，主に聴き手の意思に従う。 　3）聴き手は主に受け止め役，話し手は主に伝え役の意味であるので，Coは質問してはいけないとか，意見を言ってはいけないなどはありません。	5分	8分	10分	12分	15分
③記録 　レポート用紙に3役各自が情報交換せず記録します。	4分	6分	9分	9分	9分
④記録の交換とロールプレイの検討 　同方向に順に記録を一巡させた後，全員で検討する。 　聴き手は特に普段の自分の対人傾向を検討する。 　※時間がきたら検討を打ち切り，役割を交代する。	10分	10分	10分	13分	13分
1人合計	20分	25分	30分	35分	40分
3人合計	60分	75分	90分	105分	120分

日本学生相談学会主催　第30回全国学生相談研修会（1992）の資料を参考に作成

60分で終了となります。実施方法の説明，聴き手に対する評価時間を入れると，養成校の1コマ内（約90分）で，面接ロールプレイが終了することができます。

3　話し手が話題をイメージします

　育児相談という想定で，母親役になって子どもの問題行動について相談しても構いませんが，ある程度体験していることでないと，相談が具体的でなく長続きしません。だからと言ってプライベートで深刻な話ですと，聴き手が聴いて良いものかと戸惑いますし，話し手もロールプレイ後に話してしまったことを悔やむかもしれません。したがって保育には関係なく，自分が最も関心がある気軽な話題（例：仕事やアルバイト，家族，友人，趣味など）を選択しても構いません。

4　ロールプレイ

　ビデオ録画もしくは録音することで学びが深まります。
❶話し手は，時間までに，できるだけ話したいことや伝えたいことを話します。
❷聴き手は，できるだけ普段のままの自分で聴いてみます。
❸オブザーバーは，タイムキーパーをやりながら，気持ちは聴き手になって聴

図3-1　面接場面

いてください。
❹時間がきたら，話が途中でも打ち切ります。また，時間途中で話が終わった時は，双方の合意で終わっても構いません。
❺3者の位置は自由ですが，聴き手が決めてください。一般的に，聴き手と話し手が対面します（場面Ⅰ）と緊張感が生じ，並んで座る（場面Ⅲ）と共感性が高まると言われています（図3-1）。それらも試してみると良いと思いますが，場面Ⅱは目線を合わせずにすむので，話を聴きやすいポジションだと言われています。
❻聴き手は主に受け止め役，話し手は主に伝え役の意味ですので，聴き手が質問をしてはいけない，意見を言ってはいけないなどはありません。

5 記　録

話し手，聴き手，オブザーバーの各自が他者には見せないようにして，話し手の話したことを記録します。用紙はレポート用紙などで構いません。
各役割における留意点は次のとおりです。
❶話し手：自分の話したことをできるかぎり逐語的に記録し，特に伝えたかった部分にアンダーラインを引きます。
❷聴き手：話し手の話したことをできるかぎり逐語的に（特に重要と思う部分は，できるだけ話した言葉どおりに）記録し，特に話し手が伝えたかったと思う部分にアンダーラインを引きます。
❸オブザーバー：方法は聴き手と同様。その他，話し手と聴き手の対応で気付いたことをメモします。

6 記録の交換とロールプレイの検討

記録を順番に一巡させた後，全員で検討します。以下の「検討事例」を参考に話し合ってください。特に，聴き手は普段の自分の対人傾向を検討してもらってください。
オブザーバーは，時間管理を担当しますが，時間がきたら検討を打ち切ります。

検討事例
①今のやりとりに対する素直な感想。
②話し手：十分に話せたか，話しにくかった点はなかったか。
　　　　　話し終わった時，どんな感じだったか。
③聴き手：理解しにくかった点はなかったか，あった時はどのように対処したか。聴いていて不自然に感じた点はなかったか，その時どう対処したか。
④オブザーバー：聴き手の態度・姿勢・視線・話し方，話し手の話に対する言葉のはさみ方など，オブザーバー自身だったら違う反応をすると思うところを検討。
⑤話し手が伝えたかった部分のズレに関する検討。

7 役割を交代します

各役割については以下の留意点を参考にしてください。

①話し手：聴き手の態度，表情，言葉のはさみ方などで，自分の心にどのような変化が起こったか，などを記憶しておく。
②聴き手：聴きながら，自分の対応が話し手にどのような影響を与えたか，どのような意図でその対応をしたか，話し手の反応を見てどんな感じになったか，自分の心にどのような変化が起こったか，聴き手として自分の癖・傾向はどういうものか，などを記憶しておく。
③オブザーバー：時間管理の他に，聴き手になったつもりで聴きながら，話し手，聴き手，双方の態度，表情，言動などを観察し，自分の心の変化を含めて記憶しておく。

8 ロールプレイの終了後

[1] 聴き手に対する評価

面接ロールプレイ時には，聴き手に対する評価として「無防衛性・共感性・受容性・間・理解力・熱意」の各々に関して6段階で評価を記入します。「面接ロールプレイ評価票」（表3-2）を参照してください。また，「2　記録と分析方法」の「1 面接ロールプレイの評価票による分析」もご覧ください。

[2] オブザーバーによる助言

自分がオブザーバーだった時を振り返り，聴き手・話し手について記録用紙に記録します。面接ロールプレイの効果を高めるために，オブザーバーが客観的な視点から助言してください。「面接ロールプレイの記録用紙」（表3-3），および「2　記録と分析方法」の「2 オブザーバー（観察者）による記録と分析」をご覧ください。

2　記録と分析方法

1 面接ロールプレイの評価票による分析

　「面接ロールプレイ評価票」（表3-2）をご覧ください。「無防衛性・共感性・受容性・間・理解力・熱意」の各々について，聴き手の自己評価は「○」，話し手からみた聴き手の評価は「×」，オブザーバーからみた聴き手の評価は「△」を用いて評価します。各々が独自で評定して，同時に発表してください。誰かが先に発表すると，その評価が基準となって判断に影響を与え，評価がゆがめられることがあります。聴き手・話し手・オブザーバーの3役それぞれの評定

表3-2　面接ロールプレイの評価票

○　聴き手の自己評価
×　話し手からみた聴き手の評価
△　オブザーバーからみた聴き手の評価

かまえや，かざりなくリラックスしていた。	6　5　4　3　2　1 （無防衛性）	かたくるしく，緊張していた。
あたたかみと共感性があった。	6　5　4　3　2　1 （共感性）	理屈っぽく，言葉のみを知的に追っていた。
相手のあるがままを受け入れ，質問にも嫌味がなかった。	6　5　4　3　2　1 （受容性）	押しつけ的で自分勝手な言動があった。
ゆったりと間をおいて応答した。	6　5　4　3　2　1 （間）	せっかちでせわしなかった。
相手の要点を的確に把握した。	6　5　4　3　2　1 （理解力）	応答が不明確で，話がズレるところがあった。
相手に興味・関心を持ち，かつこれを相手にも態度で示した。	6　5　4　3　2　1 （熱意）	他のことを気にしながら応対していた。

日本学生相談学会主催　第30回全国学生相談研修会（1992）の資料を参考に作成

表3-3 面接ロールプレイの記録用紙（オブザーバー記入用）

	オブザーバーの氏名（　　　　　　　）
1．聴き手について 1）聴き手は何をしていたか？（およびその理由）	1．話し手について 1）話し手の問題（主訴）は何か？
2）聴き手の具体的な発言	2）話し手自身の感情の変化
3）聴き手自身の感情の変化	
※　聴き手と話し手の関係およびその変化について	

日本学生相談学会主催　第30回全国学生相談研修会（1992）の資料を参考に作成

が一致しているところ，ずれているところについて伝え合って，お互いに分析します。

2 オブザーバーによる記録と分析

　面接ロールプレイが終わりましたら，「面接ロールプレイの記録用紙」（表3-3）に，自分がオブザーバーだった時を振り返り，聴き手と話し手のことについて記録します。
　ここでは，オブザーバーがどのような点に着目して，面接ロールプレイを記録して分析に役立てるかについてお話します。「面接ロールプレイの記録例」（表3-4）をご覧ください。
　オブザーバーは，ロールプレイの最初に，話し手の「主訴」を把握する必要があります。表の右側にある「1）話し手の問題は何か？」という箇所が「主訴」を記す箇所となります。「主訴」とは，現在話し手が，どのようなことで悩んでいるか，その悩みの中で何を感じて，なぜその悩みを重要としているか，という悩みの本質にあたるものです。
　次に，話し手の表情，目線，しぐさ，具体的な発言内容などに対して，聴き手がどのような態度や発言をしたかを具体的に記します。それを表の左側にあ

表3-4 面接ロールプレイの記録例(オブザーバー記入用)

	オブザーバーの氏名（　　　　　　　　）
1．聴き手について 1）聴き手は何をしていたか？（およびその理由） 　「はい」「なるほど」等のうなずきの対応を行っていて，質問の仕方を工夫していた。	1．話し手について 1）話し手の問題（主訴）は何か？ 　今後の進路について，現場の保育者になるか大学院に進学するか，で迷っている。 　大学院に進学した場合に本当にやりたいことが見つかるかが心配なんだと思う。
2）聴き手の具体的な発言 　親から保育者への就職を勧められているが，自分は大学院に進学したいとも考えている。	2）話し手自身の感情の変化 　最初は，どんな反応をされるのかと戸惑っていたが，話の内容を共感された後は，話のペースが上がり，身振り手振りで説明していた。
3）聴き手自身の感情の変化 　最初は，どんな話をされるのかと不安な様子を見せていたが，共感できる内容であったため，笑顔でうなずき，積極的に質問をしていた。	
※聴き手と話し手の関係およびその変化について 　最初は，話の趣旨がつかめず，話が一方的になっていたが，趣旨がつかめると，徐々に「うなずき」が増えて，話が弾み，聴き手からさまざまな質問がでるようになった。	

る「1）聴き手は何をしていたか？」や「2）聴き手の具体的な発言」に記入します。さらに聴き手の対応による話し手の感情の変化は，表の右側「2）話し手自身の感情の変化」に，また話し手による聴き手の感情の変化は，表の左側「3）聴き手自身の感情の変化」に記入します。

最後に，「聴き手と話し手の関係およびその変化について」を記します。表3-4の下段に記録の例がありますが，面接ロールプレイではロールプレイの時間が経過するにつれて，聴き手と話し手の関係が変わったり，話し方や話の内容が変化したりすることがあります。こうした面接時間の経過に伴う変化を記すことは，実際の相談時にも重要なことです。

❸ 録音による逐語記録と分析
［1］逐語記録の作成

面接ロールプレイの終了後，話された内容を逐語記録として，残しておくことが大切です。その際に注意すべき点としては，言語的な情報（話の内容など）だけでなく，非言語的な情報（表情や視線の動きなど）もきちんと記録しておきましょう。

表3-5の「面接時の逐語記録例」をご参照ください。左には面接時間，真ん中には会話の内容，右には考察・意図，そしてカウンセリング技法が書かれ

表3-5 面接時の逐語記録例

時間	会話の内容 Co：カウンセラー，Cl：クライエント （沈黙の数秒），〈しぐさ・行動〉	考察・意図 カウンセリング技法
15：00 開始	Co1：今日は悩みがあるとお伺いしたのですが，どのような悩みかを教えていただいてもよろしいでしょうか？ Cl1：今日は就職相談があって，やってきました	Co1：開かれた質問　緊張した雰囲気をつくらないように，話しやすい質問をする
	Co2：そうなんですね。どのような内容ですか？	Co2：簡単な受容
	Cl2：はい。〈うなずく〉今，保育士になるための勉強をしていて，保育士になった場合，どこの地域に就職するか迷っています。一人暮らしはお金がかかるので…どうしたらいいでしょうか？	Cl2：初めての返答であるため，慎重に話す様子がみられる
	〈内容省略〉 Co○：また何でもお話くださいね	〈内容省略〉 Co○：話しやすい雰囲気で終えるように工夫する
	Cl○：今日はありがとうございました	Cl○：表情が明るくなり，活気に満ちた様子である

※○には会話の回数を記す。

ています。カウンセリング技法については次の「［2］分析方法」で説明しますが，「開かれた質問」や「簡単な受容」という技法が用いられていることが分かります。さらに，その技法の横には「非言語的な情報」が記載してあります。こうした記載があると，より現実的な相談の場面を意識した逐語記録になります。

実際の逐語記録時には，「面接時の逐語記録用紙」（表3-6）を活用してみてください。

［2］分析方法
(1) 話を聴くための準備
　面接ロールプレイ場面で逐語記録を作成する際には，話し手と聴き手は「話を聴くための準備」ができているかに注目します。ここでは，以下の2つの視点を紹介します。

①言葉を理解する
　聴き手は，話し手の言葉をしっかりと受け止めているでしょうか。聴き手は，話し手の言葉の内容を把握し，時には適切な質問をすることで，きちんと理解していることを伝えます。

②気持ちを理解する
　聴き手は，話し手の気持ちを理解しようとしているでしょうか。話し手の気

表3-6 面接時の逐語記録用紙

時間	会話の内容 Co：カウンセラー，Cl：クライエント （沈黙の数秒），〈しぐさ・行動〉	考察・意図 カウンセリング技法
（　　） 開始		

持ちを理解するためには，話し手の表情，声の変化，姿勢や態度などを通して，話し手の気持ちに共感することが大切になります。

(2) 話を聴く際の聴き方

　話を聴く際には"アクティブリスニング"という聴き方を行うことが大切です。"アクティブリスニング"とは，相手が話すことを聴くだけでなく，相手がもっと話したくなるような聴き方をすることです（向後・山本，2014）。

　この"アクティブリスニング"では，「傾聴（話し手の話す内容に耳を傾ける）」が大切ですが，その際には，言語的な情報（話の内容など）への理解だけでなく，観察を通して得られる非言語的な情報（表情や視線の動き，声の大

表3-7 傾聴時の面接技法（向後・山本，2014より表現の一部を変更）

1. うなずき（あいづち）	話し手が話す際に話の合間に短い言葉をはさみます（例：「はい」，「ええ」，「ふーん」，「なるほど」など）。あいづちにはいろいろなパターンがありますが，うなずきと合わせて行うことが良いとされます。
2. 繰り返し	相手の話のポイントになるキーワードを繰り返すことで，話を真剣に聴いていること，理解していることを伝えます。
3. いいかえ	話し手の話した内容を自分の言葉で短くまとめて伝えます。いいかえを通して，話のポイントを確認することができ，さらに聴き手が理解していることを話し手に伝えます。

きさなど）への理解も大切になります。観察のポイントとしては，「1．うなずき（あいづち）」，「2．繰り返し」，「3．いいかえ」などの面接技法を用いていたかについて着目すると良いでしょう。これらの面接技法については，表3-7の「傾聴時の面接技法」にまとめました。

(3) 質問の仕方

質問には，客観的な事実を尋ねたりする際に用いられる，"閉じられた質問"と呼ばれる技法があります。"閉じられた質問"は「はい」「いいえ」で答えられるため，話の確認をするときや短時間で情報を収集するときに有効だとされます。

もう1つは，"開かれた質問"と呼ばれる技法があります。開かれた質問は，話し手の心理状況や考えを聴く際に用いられます。ただ，"開かれた質問"では，話し手が回答する際に，回答がすぐに思い浮かばない場合があります。また，話すことをためらう場合には，表情や態度の変化に注意して，話せる雰囲気をつくることも大切になります。

(4) 支持と明確化

話し手は，自分に自信がないときや迷っているときには，心配になって話すことをためらうことがあります。このような場合には，聴き手は話し手の気持ちに共感し，気持ちを受け入れる姿勢（支持）を示すことで，話したいという思いを促すことが大切です。

また，自分の気持ちについてはっきりと意識化できていない時，または自分から言葉にすることをためらう気持ちが無意識にある時は，聴き手が言葉にして明確に伝えることで，分かってもらえたと感じたり，自分の気持ちに気付けたりします。

(5) 守秘義務と情報管理

面接ロールプレイで話された内容であっても，勝手に他で話さないように気をつけましょう。個人情報の保護と秘密の保持を徹底することが大切です。

表3-8　聴き手が面接で収集する話し手の情報（向後・山本，2014より表現の一部を変更）

A. 現在の状況や主訴	1）現在の状況 2）悩みの内容
B. 面接日時や場所	1）○○○○年□月□日（△曜日） 2）○時○分～○時○分（面接時間：□分間） 3）場所：相談室
C. 話し手のプロフィール	1）年齢と性別（例：○歳（○○２年生）の男子（女子）） 2）家族関係（例：両親やきょうだいなど） 3）生育歴（例：どんな環境で育ってきたかなど）
D. 面接内容	1）一番大きな悩みについて 　例：部活動の悩み，アルバイト先での悩み，進路に関する悩み 2）現在の悩みを抱えた時期 　例：大学受験の時期，父親が単身赴任を始めた時期 3）表情の変化 　例：最初は緊張した表情をしていたが，話すことをとおして，笑顔が見られるようになった

(6) その他：実際の面接での留意点

　面接ロールプレイでは，普段の日常における悩みを気軽に相談できる雰囲気で行われますが，実際の面接場面では，表3-8の「聴き手が面接で収集する話し手の情報」に注意しながら，聴き手は話し手の情報に耳を傾けることが大切です。

　面接時に聴き手は，上記のような情報を収集することも意識すると良いでしょう。

　A. 現在の状況や主訴では，現在悩んでいる内容を把握するとともに，話し手が話す過程で，表現されていない悩みを考えるようにすることが大切です。B. 面接日時や場所では，日時や場所を記しておきましょう。C. 話し手のプロフィールでは，話し手の年齢や性別，家族関係，生育歴などを記録しておくと良いでしょう。D. 面接内容では，話し手が現在抱えている悩みの内容を聴くだけでなく，いつその悩みを抱えたか，などについて聴いておく必要があります。

　表3-8に記された内容を順番に聴くのではなく，面接時の流れの中で，聴くように意識すると，面接がスムーズに行えます。

3　面接ロールプレイの効果の検討

　はじめに，面接者としての態度や技法への有効性を検討します。次に，対人的自己効力感と友人との葛藤解決効力感の観点から対人関係能力の向上について，さらに保育者の力量形成について検討します。

　以下に，面接ロールプレイの有効性をチェックできる質問項目が記されていますので，面接ロールプレイ後にやってみてください。

❶ 面接者としての態度や技法への有効性

表3-9は面接ロールプレイ後にどのような気づきや学びがあったかを調べるための質問項目です。以下の質問内容を読んで，あなたの気持ちにあてはまるかどうかについて，「1．あてはまらない」「2．あまりあてはまらない」「3．少しあてはまる」「4．あてはまる」のうち適切だと思う数字1つ選んで，○で囲んでください。

❶表3-9の①から⑤の各有効性の（合計得点）÷項目数＝〈本得点〉を計算して以下に記入しましょう。小数点以下は四捨五入してください。
3点が基準得点で，それ以上なら身に付いたと考えます。

	合計得点		本得点
①項目1〜13：コミュニケーション力	___点	÷13＝	___点
②項目14〜17：うなずき効果	___点	÷4＝	___点
③項目18〜20：受容効果	___点	÷3＝	___点
④項目21〜22：伝達の難しさ	___点	÷2＝	___点
⑤項目23〜24：自己発見	___点	÷2＝	___点

❷以下の欄に＜本得点＞を記した後，グラフを作成してみましょう。

図3-2　面接ロールプレイの有効性プロフィール

❸面接ロールプレイで一緒だった人同士でプロフィールを確認してみましょう。どのような効果がありましたか？

---

❷ 対人関係・友人関係における効力感

次に，対人関係・友人関係の能力を向上させる要因として，効力感という概念を紹介します。効力感とは「〜できる」という期待のことを示します。今回は，対人的自己効力感および友人との葛藤解決効力感という2種類の効力感を

表3-9　面接ロールプレイの有効性チェックリスト（金子・金子，2016を一部変更）

分類	項目				
①コミュニケーション力	1. 相手を不快にさせないように言葉を選択すること	1	2	3	4
	2. 相手の表情やしぐさから感情を理解することの大切さ	1	2	3	4
	3. その場に合った言葉を選ぶようにすること	1	2	3	4
	4. 相手と話すときには誤解のないやり取りをするように心がけること	1	2	3	4
	5. 相手の表情から気持ちを読み取ること	1	2	3	4
	6. 言葉を適切に使い分けることの大切さ	1	2	3	4
	7. 相手の意見を受け入れながら，最後まで聴くことの大切さ	1	2	3	4
	8. 明確には表現されていない気持ちを理解すること	1	2	3	4
	9. 相手の言葉から状況を理解すること	1	2	3	4
	10. 相手をリラックスさせるためには，自分が自然な態度で接すること	1	2	3	4
	11. 自分の考えや気持ちを正確に伝えるように心がけること	1	2	3	4
	12. 相手の表情や態度から相談内容の重要性を理解すること	1	2	3	4
	13. 相手をリラックスさせるためには，自分自身が緊張しないこと	1	2	3	4
②うなずき効果	14. 相手がうなずいてくれるだけで，話しやすくなること	1	2	3	4
	15. うなずくことは聴いてくれているという印象をもたせること	1	2	3	4
	16. 相手が話しているときのうなずきの大切さ	1	2	3	4
	17. 相手がうなずいてくれるだけで，安心すること	1	2	3	4
③受容効果	18. 相手の気持ちを受け入れること	1	2	3	4
	19. 相手が自分の気持ちを理解してくれると，うれしいこと	1	2	3	4
	20. 話を聴いてもらうことは，ストレス軽減になること	1	2	3	4
④伝達の難しさ	21. 言葉で上手に相談内容を伝えることの難しさ	1	2	3	4
	22. 自分のことを正確に表現することの難しさ	1	2	3	4
⑤自己発見	23. 今まで気づかなかった自分の新たな側面	1	2	3	4
	24. 自分の性格についての新たな認識	1	2	3	4

ご紹介します。対人的自己効力感とは相手との関係をうまく維持できるという期待，友人との葛藤解決効力感とは友人とのけんかやいざこざがあったとしても関係を修復できるという自信，をそれぞれ示します。

以下の質問内容を読んで回答してみてください。

[1] 対人的自己効力感について

面接ロールプレイを通して，以下の項目がどの程度向上したと思いますか。以下の項目を読んで，あなたの気持ちにあてはまるかどうかについて，「1．まったくあてはまらない」「2．あまりあてはまらない」「3．どちらともいえない」「4．大体あてはまる」「5．非常にあてはまる」のうち適切だと思う数字1つ選んで，○で囲んでください。

表3-10　対人的自己効力感向上のチェックリスト（松島・塩見，2001の表現を一部変更）

対人的自己効力感	1．ロールプレイ前よりも，相手とうまく話のやりとりができるようになったと思う	1	2	3	4	5
	2．ロールプレイ前よりも，私は誰とでも気軽に話せるようになったと思う	1	2	3	4	5
	3．ロールプレイ前よりも，私は人にしてほしいことをきちんと説明できるようになったと思う	1	2	3	4	5
	4．ロールプレイ前よりも，私は人にうまくアドバイスできるようになったと思う	1	2	3	4	5
	5．ロールプレイ前よりも，初めて会う人にでもうまく自己紹介できるようになったと思う	1	2	3	4	5
	6．ロールプレイ前よりも，私は誰とでも仲良くできるようになったと思う	1	2	3	4	5
	7．ロールプレイ前よりも，私はたとえけんかしてもすぐに仲直りできるようになったと思う	1	2	3	4	5
	8．ロールプレイ前よりも，私は友人に嫌なことを頼まれても，うまく断ることができるようになったと思う	1	2	3	4	5
	9．ロールプレイ前よりも，私は何でもやればできるようになったと思う	1	2	3	4	5
	10．ロールプレイ前よりも，私は自分で自分をほめることができるようになったと思う	1	2	3	4	5
	11．ロールプレイ前よりも，私は友人と話を合わせることがうまくなったように思う	1	2	3	4	5
	12．ロールプレイ前よりも，私は話が豊富になったように思う	1	2	3	4	5
	13．ロールプレイ前よりも，私は今自分に満足できるようになったと思う	1	2	3	4	5
	14．ロールプレイ前よりも，私は同級生だけでなく，先輩後輩ともうまくやっていくことができるようになったと思う	1	2	3	4	5

❶対人的自己効力感の（合計得点）÷項目数＝〈本得点〉を計算して以下に記入しましょう。小数点以下は四捨五入してください。

4点が基準得点になり，それ以上なら身に付いたと考えられます。

　　　　　　　　　　　合計得点　　　　本得点
項目1～14：対人的自己効力感　　＿＿＿点 ÷14＝ ＿＿＿点

❷どのような向上があったかを確認して，記入してください。

---

[2] 友人との葛藤解決効力感について

　面接ロールプレイを通して，以下の項目がどの程度向上したと思いますか。以下の項目を読んで，あなたの気持ちにあてはまるかどうかについて，「1．あてはまらない」「2．あまりあてはまらない」「3．少しあてはまる」「4．あてはまる」のうち適切だと思う数字1つ選んで，○で囲んでください。

表3-11　友人との葛藤解決効力感向上のチェックリスト（金子・中谷，2014の表現を一部変更）

②友人との葛藤解決効力感	1．ロールプレイ前よりも，友人と言い争いをしても仲直りすることができるようになったと思う	1	2	3	4
	2．ロールプレイ前よりも，友人に裏切られたと思ったときは，自分の気持ちを素直に話して理解してもらうことができるようになったと思う	1	2	3	4
	3．ロールプレイ前よりも，友人との意見が一致しなかった時は，お互いが納得するような見解を見つけることができるようになったと思う	1	2	3	4
	4．ロールプレイ前よりも，友人関係の中で，友人と適切に距離をとることができるようになったと思う	1	2	3	4
	5．ロールプレイ前よりも，友人に誤解された時は，丁寧に説明して誤解を解くことができるようになったと思う	1	2	3	4
	6．ロールプレイ前よりも，友人に誤解された時，誤解された理由がわかるようになったと思う	1	2	3	4

❶友人との葛藤解決効力感の（合計得点）÷項目数＝〈本得点〉を計算して以下に記入しましょう。小数点以下は四捨五入してください。
　3点が基準得点になり，それ以上なら身に付いたと考えられます。

　　　　　　　　　　　合計得点　　　　本得点
項目1～6：友人との葛藤解決効力感　　＿＿＿点 ÷6＝ ＿＿＿点

❷どのような向上がありましたか？［1］対人的自己効力感の向上ともあわせて確認して記入してください。

❸ 保育者の力量形成への有効性の確認

　終章の「3．力量形成を自己チェックしてみましょう」に回答して力量形成の程度を記入し，プロフィールを描いて確認して，力量形成について検討してください。

　筆者らは，大学生を対象に教職課程科目における「教育相談」の授業時に，面接ロールプレイを実践してきました。こうした研究の中で，面接ロールプレイは対人的自己効力感や友人との葛藤解決効力感を高めることが分かってきています。

　では，対人関係における効力感を高めることがなぜ大切なのでしょうか。対人関係の中でもとりわけ友人関係では，ちょっとしたけんかやいざこざはよくあることです。ただ，こうしたけんかやいざこざが生じた際，この友人との関係を修正できるという自信がなければ，関係の修復を行おうとしないでしょう。こうした友人に対する効力感が，良好な友人関係を形成し継続するためには大切だと考えています。

　今回の面接ロールプレイの実践を通して，対人関係や友人関係における効力感が向上し，さらに保育者の力量形成につながることを願っています。

第4章

保育研修で保育を磨きましょう

　現職段階は，養成校で習得した基礎的力量（子どもを保育する力量）をフルに活用して，現代の多様化する保育ニーズに対応できるよう力量を発展させていかなければなりません。そこで，現職段階では「研修による力量形成」が求められ，保育者は研修の機能を理解し，効果的な研修を展開していくことが期待されています。その研修の援助を養成校教員が求められることも多いです。もちろん養成校の学生であっても在学中に保育研究の方法を学び，現場に出てからも自己研鑽できるようになっていることは大切です。

1　保育研修の状況

1　研修体系

　文部科学省の教員研修には，国レベルでの研修，都道府県などの教育委員会による研修，市町村の教育委員会による研修の3つに区分されます（表4-1）。また，大きく分けて法定研修と任意研修があります。法定研修は初任者（新規採用者）研修，10年経験者研修などです。任意研修は，園長・設置者研修，主任保育者研修，特別支援教育研修，乳児研修など，職務や受講者の課題に応じたものがあります。

　厚生労働省は「保育士等キャリアアップ研修ガイドラインの概要」（表4-2）を示しています。保育者の経験年数別に新規採用，5年経験者，10年経験者，15年経験者，主任保育者，所長・園長などと区分して研修を行っている自治体もあります。その主な研修目的として，高知県教育センター（2011）では，新規採用者は「実践的指導力と使命感を養う」，5年経験者は「自己の保育課題を明確にしつつ，確かな学級経営のもとに保育実践を行う」，10年経験者は「保育観を高めて実践的指導力を確立し，学年経営を視野に入れて保育実践を行う」，15年経験者は「全国的な視野に立ち，指導的立場で園経営に参画する」，主任保育者は「園管理運営者としての自覚を高め，保育・教育目標の実現に向けた企画力・指導力などの経営的資質の向上を図る」，所長・園長は「園管理運営の責任者として，人材の育成や組織の改善，地域を含めた広い視野に立った園経営能力の充実を図る」としています。

表4-1 教員研修（文部科学省，2017）

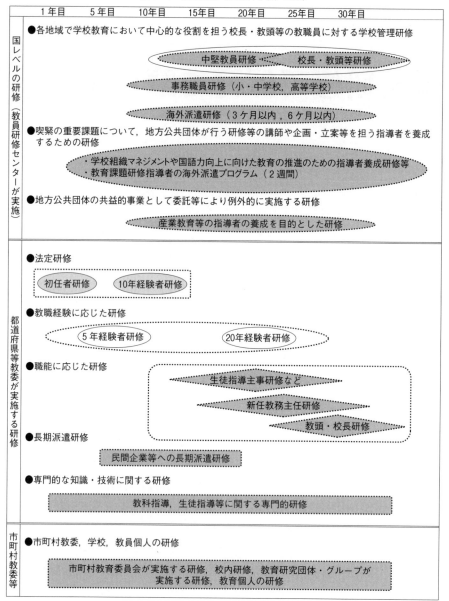

2 研修形式

　研修には講義形式，演習形式，事例検討形式などのスタイルがあります。講義形式の場合は理論などを学び，演習形式の場合は実践をともなって実技を身に付けるのに有効です。一般的に実施されている研修には園内研修があり，これらの形式が導入されています。成田（2008）は，2008（平成20）年改定の保育所保育指針で研修が強調され，施設長の責務や職員研修の義務化が明記されたことをきっかけに，保育者の園内研修への認識やその実態を明らかにしています。この研究は最近の園内研修の状況を示すものと思いますが，保育者たち

表4-2 保育士等キャリアアップ研修ガイドラインの概要（厚生労働省，2017）

保育士等キャリアアップ研修ガイドラインの概要

- 保育現場においては，園長，主任保育士の下で，初任後から中堅までの職員が，多様な課題への対応や若手の指導等を行うリーダー的な役割を与えられて職務にあたっており，こうした職務内容に応じた専門性の向上を図るため，研修機会を充実させることが重要。
- 保育現場におけるリーダー的職員の育成に関する研修について，一定の水準を確保するため，研修の内容や研修の実施方法など，必要な事項を定めるガイドラインを策定。（「保育士等キャリアアップ研修の実施について」（平成29年4月1日付厚生労働省雇用均等・児童家庭局保育課長通知））

実施主体
- 都道府県又は都道府県知事の指定した研修実施機関。
  - ※ 都道府県が適当と認める団体に委託することも可能。
  - ※ 研修実施機関は，市区町村，指定保育士養成施設又は就学前の子どもに対する保育に関する研修の実績を有する非営利団体に限る。

研修分野・対象者

〔専門分野別研修〕
①乳児保育，②幼児教育，③障害児保育，④食育・アレルギー対応，⑤保健衛生・安全対策，⑥保護者支援・子育て支援
〈対象者〉
・保育所等の保育現場において，各専門分野に関してリーダー的な役割を担う者（当該役割を担うことが見込まれる者を含む。）

〔マネジメント研修〕
〈対象者〉
・各分野におけるリーダー的な役割を担う者としての経験があり，主任保育士の下でミドルリーダーの役割を担う者（当該役割を担うことが見込まれる者を含む。

〔保育実践研修〕
〈対象者〉
・保育所等の保育現場における実習経験の少ない者（保育士試験合格者等）又は長期間，保育所等の保育現場で保育を行っていない者（潜在保育士等）

指定手続き
- 研修実施機関は，研修会場の所在地の都道府県に指定の申請を行うものとする。
- 指定を受けた研修について，翌年度にも実施しようとする場合，届出書を提出することにより，翌年度も引き続き指定の効力を有する。

研修時間
- 1分野15時間以上とする。

講師
- 指定保育士養成施設の教員又は研修内容に関して，十分な知識及び経験を有すると都道府県知事が認める者

研修修了の評価
- 研修修了の評価については，15時間以上の研修の受講を確認するとともに，研修の受講後にレポートを提出させるなど，研修内容に関する知識及び技能とそれを実践する際の基本的な考え方や心得の認識を確認するものとする。

研修修了の情報管理
- 都道府県及び研修実施機関は，研修修了者に対し，修了証を交付する。（修了証は全国で有効。）
- 都道府県及び研修実施機関は，研修修了者の情報管理を行うこととし，保育士登録番号や氏名，生年月日，住所等を記載した研修修了者名簿を作成する。

保育士等キャリアアップ研修の分野及び内容

研修分野	ねらい	内容
①乳児保育（主に0歳から3歳未満児向けの保育内容）	・乳児保育に関する理解を深め，適切な環境を構成し，個々の子どもの発達の状態に応じた保育を行う力を養い，他の保育士等に乳児保育に関する適切な助言及び指導ができるよう，実践的な能力を身に付ける。	・乳児保育の意義 ・乳児保育の環境 ・乳児への適切な関わり ・乳児の発達に応じた保育内容 ・乳児保育の指導計画，記録及び評価
②幼児教育（主に3歳以上児向けの保育内容）	・幼児教育に関する理解を深め，適切な環境を構成し，個々の子どもの発達に応じた幼児教育を行う力を養い，他の保育士等に幼児教育に関する適切な助言及び指導ができるよう，実践的な能力を身に付ける。	・幼児教育の意義 ・幼児教育の環境 ・幼児の発達に応じた保育内容 ・幼児教育の指導計画，記録及び評価 ・小学校との接続
③障害児保育	・障害児保育に関する理解を深め，適切な障害児保育を計画し，個々の子どもの発達の状態に応じた障害児保育を行う力を養い，他の保育士等に障害児保育に関する適切な助言及び指導ができるよう，実践的な能力を身に付ける。	・障害の理解 ・障害児保育の環境 ・障害児の発達の援助 ・家庭及び関係機関との連携 ・障害児保育の指導計画，記録及び評価
④食育・アレルギー対応	・食育に関する理解を深め，適切に食育計画の作成と活用ができる力を養う。 ・アレルギー対応に関する理解を深め，適切にアレルギー対応を行うことができる力を養う。 ・他の保育士等に食育・アレルギー対応に関する適切な助言及び指導ができるよう，実践的な能力を身に付ける。	・栄養に関する基礎知識 ・食育計画の作成と活用 ・アレルギー疾患の理解 ・保育所における食事の提供ガイドライン ・保育所におけるアレルギー対応ガイドライン
⑤保健衛生・安全対策	・保健衛生に関する理解を深め，適切に保健計画の作成と活用ができる力を養う。 ・安全対策に関する理解を深め，適切な対策を講じることができる力を養う。 ・他の保育士等に保健衛生・安全対策に関する適切な助言及び指導ができるよう，実践的な能力を身に付ける。	・保健計画の作成と活用 ・事故防止及び保健安全管理 ・保育所における感染症対策ガイドライン ・保育の場において血液を介して感染する病気を防止するためのガイドライン ・教育・保育施設等における事故防止及び事故発生時の対応のためのガイドライン
⑥保護者支援・子育て支援	・保護者支援・子育て支援に関する理解を深め，適切な支援を行うことができる力を養い，他の保育士等に保護者支援・子育て支援に関する適切な助言及び指導ができるよう，実践的な能力を身に付ける。	・保護者支援・子育て支援の意義 ・保護者に対する相談援助 ・地域における子育て支援 ・虐待予防 ・関係機関との連携，地域資源の活用
マネジメント	・主任保育士の下でミドルリーダーの役割を担う立場に求められる役割と知識を理解し，自園の円滑な運営と保育の質を高めるために必要なマネジメント・リーダーシップの能力を身に付ける。	・マネジメントの理解 ・リーダーシップ ・組織目標の設定 ・人材育成 ・働きやすい環境づくり
保育実践	・子どもに対する理解を深め，保育者が主体的に様々な遊びと環境を通じた保育の展開を行うために必要な能力を身に付ける。	・保育における環境構成 ・子どもとの関わり方 ・身体を使った遊び ・言葉・音楽を使った遊び ・物を使った遊び

は園内研修を自己研鑽と全職員の共通理解のための貴重な時間と捉え，月2回，1回あたり120分ずつの園内研修を行っているようです。研修形式は，事例検討が66.7％と最も多く，次いで意見交換が26.1％，園内公開保育が21.7％，講義15.9％，グループ討議14.5％です。事例検討が約70％と最も多いのですが，岡田（1982）は，講師の話を聴く一方的な学習ではなく，研修者自身が能動的に活動する学習方式を重視しています。事例研究形式の学習形態は，研修者自身による問題提起，参加者全員によるディスカッションという様式で，参加者が能動的になるために望ましいとしています。また，秋葉（1982）は事例検討形式の研修会を行い，指導の方向性を決定するうえで有意義な討議がなされたことを示唆しています。

❸ 個別の教育支援と事例検討

2007（平成19）年度から特別支援教育制度がスタートし，発達障害等の障害のある幼児児童生徒が在籍するすべての学校において，学習上または生活上の困難を克服するための教育を実施しなければならないことが規定されました。2008（平成20）年に改訂された幼稚園教育要領には，「個別の指導計画」および「個別の教育支援計画」作成の必要性が明記され，特別支援教育コーディネイターも配置されるようになりました。各自治体では計画の立て方について，参考資料を提示しています。山口県教育庁（2010）の例を表4-3，表4-4に示しますので，参考にしてください。「自分の思い通りにならないと，感情的になったり，突然高い所に上がったりしてしまう」幼稚園年長児の記入例です。表4-3は，特に支援や配慮を必要とする指導内容や園の行事と，その行事の際，主に支援する教職員を記入しています。表4-4は，「指導内容・指導方法・手だて等」に，家庭との連携や通級指導教室の利用についても記入しています。

発達障害の様相は多様ですので，事例検討を積み上げて対応方法を模索することが必要と考えます。また，障害があるとは認定されませんが，「気になる子」への個別の指導計画も作成されて援助方法が検討されるようになりました。障害の有無とは関係なく，「気になる子」については，保育者が対応に苦慮することが多く，事例検討の対象児になることも多いです。

そこで本章では，現場で一般的に行われている事例研究を取り上げて，園内研修での方法について解説したいと思います。

2　園内での事例研究の進め方

研修として事例研究を行って園内で対象児への援助方法を模索することは，対象児への適切な対処が可能になるとともに，園内の協力体制が高まり，園運営にとっても効果的な人間関係が形成されると考えます。

表4-3 個別の指導計画（例）（山口県教育庁特別支援教育推進室，2010）

（様式2）　　　　　　　　　　　　　　　　個別の指導計画　　　　　　　　　　　　　　　　○○幼稚園

学年・組	年長・○○組		氏名	○○○○					
領域等	4月	5月	6月	7月	9月	10月	11月	12月	1月	2月	3月

領域	ねらい	○いろいろな遊びの楽しさを感じ，意欲的に取り組む。 ○いろいろな友達とかかわって遊ぶことを楽しむ。 ○目的をもって，気の合う友達と一緒に遊ぶ。 ○年長児になったことを喜び，自信をもって生活する。 ○身近な自然の変化に興味や関心をもち，楽しむ。	○自分の考えや思いを相手に伝えたり，相手の思いに気付いたりしながら遊ぶ。 ○自分なりの目的，目標をもち，最後まで取り組む。 ○体を十分に動かして遊ぶ。 ○自然の変化や美しさ，面白さに気付き，自分なりに遊びに取り入れる。	○友達と力を合わせて遊ぶ楽しさや，充実感を味わう。 ○共通の目的に向かって考えを出し合い，遊びを進める。 ○自然の変化や，伝統的行事に関心をもつ。	○友達とのかかわりを深め，互いを認め合いながら，園生活を楽しむ。 ○友達と一緒に目的や見通しをもって，遊びや活動に取り組む。 ○のびのびと体を動かしたり，冬の特性を生かして遊んだりする。 ○修了や就学への喜びを感じながら，自信をもって生活する。
域 内容・活動		**○衣服の着脱，食事，排泄などの生活に必要な活動を自分で行う。** ○いろいろな友達と様々な遊びの楽しさを共感しあう。 **○自分の考えや要求を相手に分かるように伝えたり，トラブルを自分たちで解決しようとしたりする。** ○気の合う友達とイメージをもって遊ぶ中で，自分の考えや要求を伝えたり，簡単な相談をしたりする。 **○集団ゲームの中で，友達とのかかわりを楽しんだり，ルールや約束を守ったりして遊ぶ。** ○季節の変化を感じながら，戸外でのびのびと遊ぶ。 ○飼育物の世話や，栽培物の生長に期待をもつ。	○考えたことや気付いたことを言葉にして友達に伝える。 ○意見のぶつかり合いを経験し，自分たちで解決しようとする。 ○自分たちの力を試したり，挑戦したりしながら遊ぶ。 ○いろいろな運動遊びに興味をもち，進んで取り組む。 ○砂や水，自然物を使い工夫して遊ぶ。 ○自分たちが世話をした栽培物の生長や，収穫を喜ぶ。	○園での生活の仕方の必要性に気付き，自分たちの生活の場を整える経験を積む。 ○互いの考えを聞いたり，受け入れたりしながら遊びを進めていく。 **○自分たちで遊びのルールを考えたり，守ったりして遊ぶ。** **○友達と相談しながら，遊びがより楽しくなるように工夫する。** ○年少児の手伝いをしたり，一緒に遊んだりする。 ○友達と一緒に自信をもって表現活動を楽しんだり，目的や課題を意識して取り組んだりする。 ○戸外で，自然物や気温の変化などに気付き，興味をもつ。 ○年末年始の行事や生活に，興味や関心をもって遊ぶ。	○自分のしたいことに進んで取り組んだり，苦手なことに挑戦したりする。 ○一人ひとりが十分に自己表現したり，友達のよさを受け入れたりしながら，一緒に生活する楽しさを味わう。 **○友達と力を出し合ったり，助け合ったりしながら，目的や見通しをもって遊びや活動に取り組む。** ○雪や氷の特性を利用した遊びを考えたり，遊び方を相談したりする。 ○修了・就学に向けた様々な活動に意欲的に取り組む。
行事	始業式 入園式 新入園児歓迎会 定期健康診断	親子遠足 小学校運動会参加 さつまいも苗植え ポニースクール体験	じゃがいもほり プール指導始め	小学校交流会（プール） 安全教室 終業式	始業式 遠足 敬老の集い 英語で遊ぼう	運動会 さつまいもほり 遠足 焼き芋 観劇 英語で遊ぼう	生活発表会 小学校行事参加 ポニースクール体験	英語で遊ぼう 子ども会 終業式	始業式 もちつき 観劇 ポニースクール体験	豆まき 小学校交流（給食） 年長組を送る会 交通安全教室 英語で遊ぼう	親子お別れ会 卒園式 修了式
その他	・儀式的行事は補助員が支援する。 ・畑の作業と運動会は仲のよい友達とペアで活動する。			・プールは園長が見守る。 ・英語で遊ぶ活動では好きな曲でリトミックを行う。		・焼き芋は補助員が支援する。 ・畑の作業と生活発表会は仲のよい友達とペアで活動する。			・儀式的行事は補助員が見守る。 ・もちつきや雪遊びでは，小集団で活動させる。		

太字強調箇所は，特に個別的な支援を行う内容・活動を示す。

表4−4 個別の指導計画（例）（山口県教育庁特別支援教育推進室，2010）

（様式3）　　　　　　　　　　個別の指導計画（1学期）　　　　　　　　　　○○幼稚園

| 学年・組 | 年長・○○組 | 氏名 | ○○○○ |

領域等	学期の指導目標	指導内容・指導方法・手だて等	指導記録					
			指導の			評価	
			目標	内容	方法	指導の経過と評価	検討課題（次学期に向けて）
領域等	生活習慣	・登園後と降園前にトイレに行く。	・登園時と降園時の流れをカード化し，その中にトイレに行くことを位置づける。 ・排尿リズムについて家庭と話し合い，一日の中でトイレに行く時間をおおよそ決めて，トイレを促す。	4 3 2 1	4 3 2 1	4 3 2 1	・降園前のトイレは日課になりつつある。 ・登園時は着替えや音楽を聴くことが優先され，トイレに行くことが後回しになった。 ・声かけに対してトイレに行こうとしないので一緒に行くと，まったく排尿がなかった。	・登園後に「着替え」「片付け」「音楽を聴く」「トイレに行く」という流れを決めて，促してみる。 ・表情や仕草をよく見て，排尿したくないようであれば，無理強いしない。
	言語・コミュニケーション	・自分のしたいこと，してほしいことを教員に伝える。	・本児の気持ちに寄り添いながら，声かけをしたりスキンシップを図ったりして安心感がもてるようにする。 ・表情や仕草をよく見て，そのときの本児の気持ちを分かりやすい言葉にして語りかける。 ※週に1回，通級指導教室でも指導する。	4 3 2 1	4 3 2 1	4 3 2 1	・教員とのかかわりの中で，言葉が出るようになった。 ・話し方がゆっくりであるため，友達との間では会話が成り立ちにくい。	・自分のしたいことを写真やカードで伝えさせ，その際，教員が，「○○したいんだね。」と言葉で確認することによって使える言葉を増やすようにする。 ・「いや」という意思表示をしっかり受け止めた後，「□□がいやなのかな。」「××だからしたくないのかな。」と，具体的な言葉に置き換えて語りかける。
	遊び	・教員とかかわり，親しみを深めながら，自分の好きな遊びを見つける。	・教員は興味関心のある遊びを探り，誘いかけたり，一緒に遊んだりする。	4 3 2 1	4 3 2 1	4 3 2 1	・当初は音楽とラジカセ以外に興味を示さず，園内で過ごす場所も固定していたが，徐々に遊戯室にも行くようになり，教員を誘うこともあった。	・「○○（遊び，活動）は□□（場所，教室）でする」ことを決めることで，自分から目的をもって移動しやすいようにする。
	人間関係・集団参加	・ルールのある遊びに参加し，友達や教員とのかかわりを楽しむ。	・必要に応じて教員が他の幼児との間に入るようにする。 ・ルールや役割が分かりやすい遊びを提示する。	4 3 2 1	4 3 2 1	4 3 2 1	・日によっては集団に入ることが難しかったので，補助員がそばにつき，友達が遊ぶ様子を一緒に見るようにした。 ・「じゃんけん列車」では，ルールを理解し，友達との活動を楽しむことができた。	・教員が一対一でかかわりながら，友達と同じ場で活動する時間が増えるようにする。 ・今後も，本人の得意なことを生かした遊びを工夫する。

〈注1〉指導の形態や指導の場所等については，「指導内容・指導方法・手だて等」の欄に必要に応じて記載する。
　　　（例）「週1時間は通級指導教室を利用する。」「グループ別の指導を基本とするが，週1時間は個別に指導・支援する」「登園時の活動や集団での遊びの場面では，補助教員，支援員が個別的な支援を行う。」
〈注2〉評価については，指導目標・指導内容・指導方法を必要に応じて1～4で概括し，顕著な部分を「指導の経過と評価」の欄に文章で記述する。
　　　（例）4段階評価（4：高く評価できる　3：評価できる　2：部分的に見直しが必要　1：全面的な見直しが必要）

1 組織体制について

事例検討形式の研修には，保育者のみの場合と，養成校教員のような専門家が助言者として関わる場合とがあります。

保育者のみの場合は，現場経験の豊かな園長や主任が助言者となることが多く，実際に，成田（2008）は，経験年数を重ねるにつれて，研修を企画し助言するなどのリーダーとして関わるようになることを示しています。

また，心理や教育の専門家がアドバイスする場合は，発達過程や心理的メカニズム，教育方法などの理論に基づいた説明がなされるので解決策を見出しやすいと考えます。水内・増田・七木田（2001）は，幼児教育および障害児教育の大学研究機関に所属する専門家のコンサルテーションを受けることで，保育者が子どもの見方を変え，それによって子どもも変容していく過程を，2事例を提示することで明らかにしています。

保育者各自が，援助が必要な対象児を選択して，行動記録を提示し，行動経過，対処方法，予想される原因などを発表し，今後の対応を検討します。事例検討会は，1ヶ月に2回程度とし，年間予定に組み込んで順番に発表することが望ましいです。年度末には保育者全員が1年間の保育記録を提出して，冊子にまとめましょう。その際に，参加保育者自身が保育を振り返って分析し，研修効果を記述することで，対象児の変化（p.64）だけでなく，保育者自身の変化（p.65）も確認することが大事です。1年間のまとめを共有できる機会をぜひもってもらいたいです。

2 対象児について

対象児は，保育者が対応に苦慮している「気になる子」が多いのは当然のことでしょう。困っているので事例として取り上げて，一緒に解決策を考えてほしいというのが心情です。

主な検討事例の内容を次に示します。

- 0歳児　独占欲が強い男児
  　　　　人に関心を示さない男児
- 1歳児　自分の要求が満たされないと泣いて思いを通そうとする女児
  　　　　こだわりの強い男児
- 2歳児　自己主張が激しく，友達と関われない女児
  　　　　かみつきなどのトラブルの多い男児
- 3歳児　保育者の顔色をうかがいながら，自分勝手な行動をする女児
  　　　　乱暴な反面，自分に閉じ込もる男児
- 4歳児　他児を支配したがる女児
  　　　　体が大きく，乱暴で，攻撃的なボス的男児
- 5歳児　ふざけたり，危険性を伴ったりする行動が多い男児

　　　　　特定の子に意地悪をする女児
　　　　　保育者にまとわりついて，友達と遊ぼうとしない男児

　対象児に抽出されたがゆえに，細やかな援助が受けられるということがあります。対象児に選出されたことが幸運ということです。クラス担当の保育者はできる限り，全員に目を配り，的確な援助を行わなければなりません。残念なことに，保育者も人間ですので，好きな子ども，嫌いな子ども，気付きにくい子どもなど，多少対応に個人差が出てくることがあります。そこで，この人間がもちうる欠点を補う方法があります
　担任が，毎日2人くらい意識に残った子どもの行動を書き留めます。簡単で構いません。1ヶ月ぐらいして見比べると，特定の子どもばかりが記載されていたり，ほとんど記載されない子どもがいたりします。今度は記載されない子どもをよく観察するようにします。このようにして，対象児ばかりでなく，クラス全員の子どもの変化を確認できるようにしましょう。

❸ 記録方法について
　簡潔に記録することを心掛けます。ただし，可能な限り毎日，対象児について状況が分かるように記録するようにします。保育者は子どもの行動を細やかに観察するため，記述が丁寧になる傾向があります。そのため，毎日の記録が負担となり，記録の継続が困難になることが多いようです。以下に，例を示します。

［1］細かな記録の例
　「対象児T児が，C児が乗っているコンビカーに乗りたがり，C児が乗っているコンビカーを止めてC児の手を引っ張って降ろそうとした。C児は降りるのを拒んでコンビカーにしがみつくと，T児がC児をたたき始める。T児の力が強く，C児はコンビカーを取られ大泣きして保育者を呼んだ」

［2］簡潔な記録の例
　「対象児T児は，C児の乗っているコンビカーを力づくで奪う」

　状況を全体的に把握できる記述をすることで，記録による負担を低減するようにしましょう。

❹ 発達の測定について
　発達の客観的指標を得るために，事例研究の前後（年度当初と年度末）に発達テスト（キッズ：KIDS）を実施します。回答者は子どもの保護者ですが，ほとんどが母親でしょう。介入後の発達指数が介入前の発達指数を上回ってい

れば，経年以上の発達の伸びがあったと考え，援助の方針や方法を継続する目安とします。

> 検査名：乳幼児発達スケール（キッズ：KIDS）
> 適用年齢：0：01-6：11
> 特徴：スクリーニング用検査。運動，操作，理解言語，表出言語，概念，対子ども社会性，対成人社会性，しつけ，食事の9領域を測定。面接者が母親などの主たる養育者に質問，または養育者自身や保育士・幼稚園教諭などが直接記入。面接者は，心理・教育・保育などの専門家。タイプA（0歳1ヶ月～0歳11ヶ月児用），タイプB（1歳0ヶ月～2歳11ヶ月児用），タイプC（3歳0ヶ月～6歳11ヶ月児用　就学児を除く），タイプT（0歳1ヶ月～6歳11ヶ月児用　発達遅滞傾向児向き）の4タイプ。普段の生活全体から評価でき，記入時間が約15分と短く，性差の出やすい項目をなくして男女同一の換算表によって結果が処理できるので，実施が容易。
> 結果の表示法：プロフィール，総合発達年齢（DA）総合発達指数（DQ）

5 変化の過程の分析について

　記録がまとまった頃（1ヶ月程度），あるいは保育者が「対象児が変化した」と感じた時に記録を見直して，その時期を総括する題名をつけるようにします。保育者は対象児の変化を直感できるよう名前をつけて，事例検討会でその適切性を確認します。

　　例　Ⅰ期「保育者との関係づくり（4月～5月）」
　　　　Ⅱ期「保育者による友達関係の調整（6月～8月）」
　　　　Ⅲ期「保育者との信頼関係の成立（8月～9月）」
　　　　Ⅳ期「対人関係スキルの獲得（10月～11月）」
　　　　Ⅴ期「ルールの自覚（12月～翌年1月）」
　　　　Ⅵ期「友人関係の広がり（1月～3月）」

　観察期間，対象児のプロフィール（生育歴や家族背景など），事例として取り上げた理由，変化における経過区分と代表的な事例，変化についての考察を記述します。まとめには全体の経過について，因果関係が分かるような記述をします。さらに，報告書については園内で検討して複数で適切性を確認します。これは解釈の信頼性や妥当性を検証するとともに，お互いに経験を共有するためです。「事例報告の例」は本章「3　事例研究の報告」を参照してください。

6 研修援助者としての配慮

　事例研究はすでに長年にわたって，保育者の相互協力の下に行われていることが多いようです。そこで，記録の取り方，変化期間ごとに題名を付すことによる解釈の明確化，発達指数を用いての客観性，報告書の書き方などを伝えて，

研究としてのレベルアップを図ることを目指すことになると思います。

特に対象児の変化については，好ましく評価しようとする傾向があるため，発達指数をもとに客観的に判断することが大切です。また，事例研究はプライバシーに関わる面が多々あることから，守秘義務や個人情報の保護について，特に個人名や団体名が流出する危険性，資料回収の重要性を忘れてはなりません。

研修の長は所長や主任といった管理職立場の者が務めており，事例提供者はその部下で評価される立場にあることが一般的です。事例提供者を批判する表現は極力しないように気を付けましょう。特に，事例提供者が部会での討議を通して自分の保育を反省する場面では，周囲から責められる雰囲気になったり，後悔で自信を失ったりしないように配慮しましょう。具体的には，指導の適切な面を認め，悪いところを指摘するよりも「このようにするともっと良くなるのではないか？」などと，今後の方略を提案しましょう。また，事例提供者の実感を重視して，複数の方略を提示して最もあてはまるものを選択してもらうと良いと思います。

７ 事例研究の研修効果の検討

対象児の行動変容，保育者の認識の変化，事例研究での成果の３つの側面から，事例研究の成果を検証してみましょう。アンケートに答えて，振り返ってみましょう。

[１] 対象児の行動変容

事例研究によって対象児にはどのような変化がありましたか？ 以下の項目について，変化の程度を４段階―「４．あてはまる，３．少しあてはまる，２．あまりあてはまらない，１．あてはまらない」で評定して，その理由を自由に記述して，事例研究の効果を確認しましょう。

表４-５ 対象児の行動変容

１）自己主張：自分の気持ちを正直に表出するようになった……………………………４・３・２・１
２）信頼関係および愛着の確立：担任に甘えるようになった……………………………４・３・２・１
３）他者理解：相手の立場を考えるようになった…………………………………………４・３・２・１
４）道徳性：ルールを守るようになった……………………………………………………４・３・２・１
５）自己統制：自分の要求をコントロールするようになった……………………………４・３・２・１
６）友人関係の拡大：友人関係が広がった…………………………………………………４・３・２・１
７）情緒的安定：子どもの表情が明るく穏やかになった…………………………………４・３・２・１
８）言語発達：言葉が増えたり，言葉を適切に使ったりするようになった……………４・３・２・１

〈対象児の変化のまとめ〉

_____
_____
_____

[2] 保育者の認識の変化

　事例研究によってあなたにはどの様な変化がありましたか？　以下の項目について，変化の程度を4段階―「4．あてはまる，3．少しあてはまる，2．あまりあてはまらない，1．あてはまらない」で評定して，その理由を自由に記述して，事例研究の効果を確認しましょう。

表4-6　保育者の認識の変化

1．子どもの立場に立つ： 保育者である自分が一方的に判断するのではなく，まず子どもの思いを聞くようになった	4・3・2・1
2．自己の保育を反省：自己の保育を反省した	4・3・2・1
3．プラス面の発見：子どもの良い面を発見できた	4・3・2・1
4．幼児理解の深化： 子どもの生育歴や家庭環境と関連させて考えられるようになった。	4・3・2・1
5．保育観の変容： 子どもの成長過程におけるトラブルの重要性を実感した	4・3・2・1
6．受容： 問題を否定的なものとして捉えないで，子どもの表現として受け止めるようになった	4・3・2・1

〈自己成長のまとめ〉

_____
_____
_____

[3] 事例研究での成果

　事例研究によりどのようなことを学びや成果がありましたか？　以下の項目について，その程度を4段階―「4．あてはまる，3．少しあてはまる，2．あまりあてはまらない，1．あてはまらない」で評定して，その理由を自由に記述して，事例研究の効果を確認しましょう。

表4-7　事例研究の成果

1．子ども理解の深化	
1）子どもの様子を詳しく観察するようになった（観察力）	4・3・2・1
2）子どもの変化が分かった（変化過程）	4・3・2・1
3）子どもの成長を理解できた（成長過程）	4・3・2・1
4）ケースの多様性が理解できた（多様性）	4・3・2・1
5）発達段階が理解できた（発達段階）	4・3・2・1
2．保育者理解の深化	

1）保育者の対応の多様性を理解できた（対応のレパートリー）……………… 4・3・2・1
　　2）保育者の関わりを詳しく見るようになった（観察力）…………………… 4・3・2・1
　　3）保育行動の意義や価値を理解した（意義）………………………………… 4・3・2・1
　3．疑問が解消できた………………………………………………………………… 4・3・2・1
　4．自分の保育の振り返り…………………………………………………………… 4・3・2・1
　5．子どもと保育者の関係理解の深化……………………………………………… 4・3・2・1
　6．事例を分析することで，今までの類似した事例が理解できた（事例の般化）……… 4・3・2・1

〈事例研究による学びのまとめ〉
_____
_____
_____

[4]保育者の力量形成への有効性の確認
　終章の「3　力量形成を自己チェックしてみましょう」に回答して力量形成の程度を記入し，プロフィールを描いて確認して，力量形成について検討してください。

3　事例研究の報告

　事例研究の報告事例を載せました。参考にして年度ごとに報告して，記録を残していってください。児童要録や指導要録を書くときにも大変参考になります。また，検討会では職員全員で確認してください。見立ての妥当性の検証になります。

5歳児担任の事例報告の例

観察期間　平成Ｘ年4月（5歳4ヶ月）〜Ｘ＋1年3月（6歳3ヶ月）
対象児について　　Ｔ児（男児）のプロフィールと選択理由
　平成Ｙ年12月生。平成Ｚ年4月入園。両親，弟2歳の4人家族。母親もフルタイムの職をもち，両親との関わりは少なくて，父親は厳しかったが，母親は甘えられる存在であった。休日はよく出かけるが，それを親子の触れ合いと考えている。友達との関わりの中で，自分の思い通りにならないと，相手に自分の思いを伝えるよりも先に手が出てしまい，トラブルにつながることが多い。子ども同士の関わりを深め，自分の気持ちを相手に伝えたり，相手の気持ちを理解したりして，自分の気持ちをコントロールできるようになってほしいと願い，担任保育士が事例対象児として取り上げた。

❶経　　過
　担任と対象児の関係，並びに対象児に変化が現れた6時期に区切って分析し，考察を加えた。

　　Ⅰ期　保育者との関係づくり（4月〜5月）
①対象児の様子
　対象児の行動特徴が現れている記録を抜粋した。

```
記録1  5／18
K（4歳）「先生，オレ何もせんにT君キックした」
保育者  「T君，どうしてK君にキックしたの？」
T      「だってオレにバカとか変なこといったもん」
K      「T君だって何かいったもん」
```

②保育者の気付きや変化
　保育者の記録をもとに保育者の気持ち，気付き，変化に下線を引いた。
　『保育室では毎日のように，このようなトラブルが起き，その発端はいつもT児であった。この日もK児からT児への乱暴を告げられ「またか…」と思いながら両者の話を聞く。T児は黙ったまま話そうとしない。結局「どうしてキックしたの？」と問いつめたり「K君が嫌なことを言ったからといってキックするのは絶対だめだよ」等，<u>T児が悪いことをしたという一方的な判断で話を進めてしまった。保育者自身が「絶対に乱暴はいけない」と言うのではなく，「何があったの？」とか「どうしてしたの？」など，T児の言い分（気持ち）を聞き，信頼関係づくりに努力することが大切だ</u>と，5月の第1回事例検討会を通して反省した。』

③考　察
　言葉の未発達な幼児のトラブルには，キックやパンチ等乱暴な行動を伴うことが多い。特に乱暴な子どもは集団活動を乱すことから，保育者は対応に苦慮し，トラブル場面で「またこの子か」と先入観をもって判断しやすい。そのような思い込みが，子どもとの関係を悪化させていることがある。第1回事例検討会（5月）では，下線部に示すように，保育者自身がこのような悪循環に気付き，T児の気持ちを聞き信頼関係をつくろうという態度になっている。

■Ⅱ期　保育者による友達関係の調整（6月～8月）
①対象児の様子

```
記録2  6／2
T      「オレ，K君とM君のグループで体操する」
KとM   Tが来ると「オレ達あっちにしよう」と言って場所を変える。
T      K児とM児の後を追いかけて行くが，「先生，K君達入れてくれない」と泣
       きそうになる。
```

②保育者の気付きや変化
　保育者の記録をもとに，保育者の気持ち，気付き，変化などが感じられる箇所に下線を引いた。
　『T児を避ける子どもが増える。この日もK児やM児に「T君同じグループがいいんだって。入れてあげたら？」と言葉をかけたが二人から「T君いつも怒ってブロック壊したり，キックやパンチするもん」とはっきりと乱暴を理由に拒否された。7月第2回事例検討会を通して，<u>「T児はすぐに乱暴を働く子」という保育者の見方がクラスの子どもたちに伝わり，周りの子もそういう目でT児を見るようになったのではないかと反省する。乱暴に至った経過を探り，乱暴しないためにはどうすれば良いのかT児と一緒に話し合ったり考えたりしながら，友達との関係をみていくことにした。</u>』

③考　察
　第2回事例検討会（7月）では，T児が友達から避けられるのは，保育者がT児を乱暴な問題児とみなしているためではないかと反省している。乱暴してしまうT児の気持ちに寄り添いながら，友達関係に配慮しようとする姿勢に変化している。

Ⅲ期　保育者との信頼関係の成立（8月～9月）
①対象児の様子

```
記録3　8／7
T　　　一人でかぶと虫の絵を描いている。
K　　　Tの描いている絵を見て，粘土でかぶと虫を作る。
T　　　Kと一緒に楽しそうに粘土遊びを続ける。
```

```
記録4　9／12
T　　　画用紙に絵や文を書いて一人で絵本を作っている。「先生，見てみて」と言っ
　　　て，「うしのたんじょうび」と題して自作絵本を保育者に見せてくれる。
保育者　あまりのうまさに思わず「T君上手ね」と驚きの表情でほめる。
他児　　「見せて見せて」とT児の側に寄ってくる。
T　　　少し照れくさそうにしている。
```

②保育者の気付きや変化
　保育者の記録をもとに保育者の気持ち，気付き，変化などが感じられる箇所に下線を引いた。
　『一人で絵を描いたり本を読んだりの姿が多くなり，落ち着いて遊びに集中するようになる。目立つトラブルもなくなり，<u>保育者との信頼関係も育ってきたのではなかろうかとやや安心していた。しかし，トラブルがなくなったのは，一人遊びが多く，友達との交流が少ないためであることに気が付いた。そこで，少しずつ近づいてくる友達との関係を見守り，友達と遊ぶ機会をつくって友達といたら楽しいと思う気持ちが生まれるよう援助していくことにした。</u>』

③考　察
　T児が落ち着いてきたことから，保育者に信頼感を抱いていることを実感している。保育者は，目立ったトラブルも少なくなっているが，それは友達関係の希薄さが原因しているのではないかと考え，友達と遊ぶ機会をつくろうとしている。

Ⅳ期　対人関係スキルの獲得（10月～11月）
①対象児の様子

```
記録5　10／5
T　　　「K君一緒にオセロしよう」と4歳のKを誘い二人でオセロを始める。
MとS　 二人のオセロを見にくる。Kがしようとすると「K君そこダメ！ T君にと
　　　られるからこっちにしな」とKに何度もアドバイスをする。そして「K君頑
　　　張れ，K君頑張れ」と応援する。
T　　　だんだん負けてきたことに悔しさを感じ，「S君，K君に教えるな！」と強
　　　い口調で言う。
S　　　「だって，K君まだわからないから教えてあげてる。K君頑張れ，頑張れ」
　　　と再び応援する。
```

T	もう我慢できないという様子で「先生、S君、K君に教えてばかりいて僕負ける。誰も僕の応援してくれない」と泣きそうにして保育者に訴える。
保育者	「S君はK君がまだオセロのやり方知らないから教えてあげているんだって。先生がT君の応援してあげる。」と言って、一緒に考え始める。
T	先生に応援してもらっても不満そう。そのうち「自分でするから先生あっちいって」と言う。

②保育者の気付きや変化

　保育者の記録をもとに、保育者の気持ち、気付き、変化などが感じられる箇所に下線を引いた。

　『4歳児のK児と楽しく遊んでいたにもかかわらず、負けそうになったのはS児とM児のせいだと思い、<u>その悔しい気持ちを二人に言葉で言えたことは、T児にとって大きな心の成長かと思われる。また、保育者の援助にも満足できず「先生、あっちいっとって」と言う言葉にも少しずつ自分で何とかしようと思う気持ちと、友達に教えてもらいたい、応援して欲しいと思う気持ちが表れており、友達との関係を求めている姿を見つけたように思う。</u>

　10月第3回事例検討会にて、まだまだ自分の気持ちを相手に伝えられないT児だけにT児の気持ちを保育者がS児やM児に伝え、T児にも応援するように話してみればゲームも楽しく続いたのではないだろうか。友達と遊ぶ楽しさをたくさん経験させたいと思った。』

③考　察

　第3回事例検討会（10月）では、T児が自分の気持ちを言葉で言えたこと、保育者の応援を拒否して自分で何とかしたいと思ったことで、成長を感じている。また、友達に支えられたいという気持ちを実感し、友達と遊ぶ楽しさを経験させたいと考えている。

V期　ルールの自覚（12月～1月）

①対象児の様子

記録6	12／6
T	「先生、Mちゃんマジック片付けていない」
保育者	「本当だね。Mちゃんに片付けてから遊ぶことを教えてあげて」
T	「Mちゃん、ちゃんと片付けてから遊んで」と優しい口調で言う。

②保育者の気付きや変化

　保育者の記録をもとに、保育者の気持ち、気付き、変化などが感じられる箇所に下線を引いた。

　『11月頃より保育者にきまりなどに関するいろいろなことを一つ一つ告げに来るようになる。このような承認的確認的行為は年齢的に不相応で、幼いと思った。しかし1月の第4回事例検討会により、問題行動とせず、<u>保育者への親しさ（甘え）の表れであると考え、自分の思いを素直に保育者に言えるようになった姿だと認識することにした。</u>』

③考　察

　友達のルール違反をT児が保育者に言いつけにくるようになる。1月の第4回事例検討会にて、保育者はその行為を否定的に捉えず、保育者への親しさへの現われと認識し、T児への愛情を深めている。

Ⅵ期　友人関係の広がり（翌年，1月～3月）
①対象児の様子

> 記録7　1／20
>   跳び箱の6段がなかなか跳べず，毎日めげずに練習している。そして「頑張るもん！」と言いながら跳んでいる。周りには女の子たちが集まり，「頑張れ」とT児に声援を送っている。食事の時も同年齢の男の子たちと同じテーブルにつき，会話を楽しみながら食事をしている。

> 記録8　3／17
>   卒園が近づくにつれ，年下の友達への思いやりの心が育ってきた。おやつ前になると必ず弟（2歳）のいる保育室へ行き，お昼寝後の着替えを手伝っている。弟の機嫌が悪くても優しく接しており，就学間近の頼もしい姿になる。

②保育者の気付きや変化
　保育者の記録をもとに，保育者の気持ち，気付き，変化などが感じられる箇所に下線を引いた。
　『保育者がT児の良くなった場面を捉えて認めるようにしたことで，他の子どもたちもT児を認めるようになり，クラス全体の雰囲気が変わったと思う。さらに周りの子どもたちから認められるようになったことでT児は心にゆとりや安定感をもてるようになり，次第にその心が小さい子への思いやりにつながっていったと思う。』

③考　察
　T児が跳び箱を跳ぶのを女児たちが応援するようになり，クラスの子どもたちもT児を認めるようになってきた。年少児の着替えを手伝うようになり，思いやりの行動も現れてきた。保育者は，T児の好ましい場面を強調したことで，クラス全体にT児を受け止める雰囲気が出てきたことを実感し，T児に心のゆとりが現れてきたためと考察した。

2　全体的考察

　担任と対象児の関係，対象児に変化が現われた時期ごとに区切ったところ，次の6期に分かれた。

　　Ⅰ期「保育者との関係づくり（4月～5月）」
　　Ⅱ期「保育者による友達関係の調整（6月～8月）」
　　Ⅲ期「保育者との信頼関係の成立（8月～9月）」
　　Ⅳ期「対人関係スキルの獲得（10月～11月）」
　　Ⅴ期「ルールの自覚（12月～翌年1月）」
　　Ⅵ期「友人関係の広がり（1月～3月）」

　Ⅰ期では，保育者がT児を乱暴な問題児とみなしていることから，保育者との関係だけでなく，子どもたちとの関係も険悪な状態だった。第1回事例検討会にて，保育者が自分の先入観に気付き，反省し，T児と信頼関係を形成しようと思うようになる。Ⅱ期の第2回事例検討会では，保育者がT児を乱暴

な問題児とみなしているために，Ｔ児が友達から避けられるのではないかと反省している。乱暴してしまうＴ児の気持ちに寄り添いながら，友達関係に配慮しようとする姿勢に変化している。Ⅲ期では，Ｔ児が落ち着いてきたことから，保育者は自分に信頼感を抱いていることを実感している。しかし，目立ったトラブルが少なくなっているのは友達関係の希薄さが原因していると考えて，Ｔ児が友達と遊ぶ機会をつくろうとしている。Ⅳ期の第３回事例検討会では，Ｔ児が自分の気持ちを言葉で言えたり，保育者に頼らず自分で解決したりすることでＴ児の成長を感じている。また，友達に支えられたいという気持ちを実感したことで，友達と遊ぶ楽しさを経験させたいと考えている。Ⅴ期では，友達のルール違反を保育者に言いつけにくるようになる。第４回事例検討会にて，保育者はその行為を否定的に捉えず，保育者への親しさへの現われと認識し，Ｔ児への愛情を深めている。Ⅵ期では保育者が仲立ちとなってＴ児の良い面を強調することで，クラスの子どもたちもＴ児を認めるようになってきた。年少児の着替えを手伝うなど，思いやりの行動も現れてきた。保育者は，クラス全体にＴ児を受け止める雰囲気が出てきたことを実感し，Ｔ児に心のゆとりが現れてきたためと考察した。

　まとめると，保育者がＴ児を乱暴な問題児とみなす自分の先入観に気付き，反省し，Ｔ児の気持ちに寄り添うようになったことで，Ｔ児が保育者を信頼するようになっていった。保育者が仲立ちとなってＴ児の良い面を目立たせて他児に承認させたりして，友人関係づくりに努めるようにした。そして，保育者との信頼関係と暖かい友人関係に支えられて，自己主張だけでなく，<u>相手の思いを知り，自分自身をコントロールできるようになっていったと考えられる。</u>

　事例で示したようなＴ児の好ましい変化については，全職員13名が認めるものであった。

終章

実習と研修を終えて

1 力量形成の可能性

　保育者は，生涯発達の基礎を培う重要な専門職ですが，ストレスの多い職種です。そのストレスを乗り越えるためにも，保育技術能力と対人関係能力の育成を試みました。第2章では保育技術能力を育成する方法として，マイクロティーチングを提示し，第3章では対人関係能力を育成する方法として面接ロールプレイを提案してきました。さらに，園内研修にて力量形成を図るべく，第4章では事例研究の方法を提示しました。表5-1に，各々の方法で特に形成が可能と考えられる力量を示しましたので，参考にしてください。

2 力量形成と実習

　筆者は，保育科学生を対象に，力量形成について，「やる気」（動機づけ）の観点から研究を行っています。それは，同じ実習を体験しても，学生のやる気によって力量形成の程度が違ってくるからです。筆者の今までの研究（金子，2017a，b）で分かったことは，主に，①保育者としての専門性が高まった時に充実感をもつ学生，②保育が好きで夢中になれる学生，③子どもへの深い眼差しをもつ学生，という3タイプの学生が力量を獲得しやすいということです。
　それでは，この3タイプについて解説しましょう。

❶ 保育者としての専門性が高まった時に充実感をもつ学生

　自分が成長しているという実感は，素晴らしいものです。保育者を目指す学生は，保育者として有能であると実感した時に，自己成長を感じると考えます。ただし，保育者であるからといって，専門性の向上を第一に考えているわけではありません。人よりも勝る時，あるいは自分のマイナス面が示されなかった時に充実感をもつ人もいます。要するに，有能さを得るための目標（達成目標志向性）は，学生によって異なり，その目標の質によって力量形成の程度が異なってくると考えられます。

表5-1　力量形成の可能性（金子智栄子，2013を参考に作成）

保育者の力量	マイクロティーチング（2章） 事前指導強化型	マイクロティーチング（2章） フォードバック強化型	マイクロティーチング（2章） 簡易型	面接ロールプレイ（3章）	事例研究（4章）
	幼児を指導し，実地指導前に監督者によって保育状況を予測することを重視。	幼児を指導し，監督者による指導実践後の反省を重視。	学生または保育者が幼児役となる模擬保育で訓練時間数が少ない。	聴き手，話し手，オブザーバーの3役をローテーションする。	一人の子に焦点をあて，記録・省察・検討・計画・実践を繰り返す。

1．保育者としての基礎的力量
  1) 態度

保育者の力量	事前指導強化型	フォードバック強化型	簡易型	面接ロールプレイ	事例研究
①保育への熱意と情熱	○	○	○		○
②受容的態度	○	○	○		○
③毅然とした態度	○	○	○		○
④人権に対する理解と態度	○	○	○		○

  2) 技能

保育者の力量	事前指導強化型	フォードバック強化型	簡易型	面接ロールプレイ	事例研究
⑤専門的知識と技術	○	○	○		
⑥計画と環境構成	○	○	○		
⑦遊びと生活への援助	○	○	○		○
⑧集団把握とその指導	○	○	○		○
⑨得意分野の形成	○	○	○		

2．保育者の専門性を発展させていく力量
  3) 技能向上

保育者の力量	事前指導強化型	フォードバック強化型	簡易型	面接ロールプレイ	事例研究
⑩反省による保育の模索		○	○		○
⑪自己研鑽	○	○	○		○
⑫要配慮児への対応	○	○	○		○

  4) 協働的関係

保育者の力量	事前指導強化型	フォードバック強化型	簡易型	面接ロールプレイ	事例研究
⑬保育者集団の質的向上			○	○	
⑭園運営での役割と見通し			○	○	

  5) 連携

保育者の力量	事前指導強化型	フォードバック強化型	簡易型	面接ロールプレイ	事例研究
⑮保護者との連携			○	○	
⑯地域との連携			○	○	○
⑰小学校との連携			○	○	

  6) 視野の拡大と深化

保育者の力量	事前指導強化型	フォードバック強化型	簡易型	面接ロールプレイ	事例研究
⑱今日的な保育の課題への関心	○	○	○		
⑲他の学問領域への関心	○	○	○		
⑳研究への理解と深化	○	○	○		○

表中の○は，特に形成が可能な力量です。
簡易型マイクロティーチングの場合は，さまざまな場面でのロールプレイを想定して力量形成の可能性を検討しました。

　保育科学生に対して「将来，あなたが保育者（教育者）となってクラスを担任した時，どのような場合に達成感や充実感を感じると思いますか」という質問をしたところ，4つの達成目標が抽出されました。

　　①保育者としての専門性や力量を形成し発展させることが目標【マスタリー目標】
　　②優れた保育技能を他者に示すことが目標【パフォーマンス接近目標】
　　③劣った保育技能を他者に気づかれないことが目標【パフォーマンス回避目

標】
④子どもとの親密な関係性を構築することが目標【関係性目標】

　これらの目標のうち，マスタリー目標のみが，保育実習を体験した後の力量形成にプラスの影響を及ぼしていることが示されました。学生が自分の能力を伸ばそうとするやる気をもつことが，力量を獲得するうえで大切であると言えます。

❷ 保育が好きで夢中になれる学生

　保育をしているとわくわくした気分になる（活力），保育という仕事に誇りをもっている（熱意），保育にのめり込んで時を忘れてしまうことがある（没頭），このような活力・熱意・没頭を特徴とした職業に関する肯定的で満たされた心理状態を「ワーク・エンゲイジメント」と言います。ワークは「仕事」，エンゲイジメントは「没頭」と訳されるので，ワーク・エンゲイジメントは，いわば"仕事への没頭"とも言い表すことができるでしょう。

　実習中のワーク・エンゲイジメントは，保育実習を体験した後の力量形成にプラスの影響を与えることが示されています。さらに，ワーク・エンゲイジメントは，保育活動をうまく遂行できるという信念（保育者効力感），保育職への志望度の向上，実習を通した達成感や充実感，という要因に対しても広くプラスの影響を与えることが分かっています。「好きこそものの上手なれ」ということわざの意味どおり，力量を獲得するためには，保育という仕事が好きで惚れ込んでいることが大切といえるでしょう。

❸ 子どもへの深い眼差しをもつ学生

　「はじめに」では，「保育には正解がない」と述べられています。問題状況が複雑な保育場面においては，「こうすれば必ずこうなる」という How to のような解決方法はありません。そのため，保育者は問題に直面した時，「問題の原因が何か」「どうすれば解決に向かうか」など，つねに問題の枠組みを問い直しながら実践しています。

　このように，自分の行為を振り返り考察することを「省察」（リフレクション）といいます。省察は保育・教育者として大切な専門性の一つであり，省察の方向性によって力量形成の程度が変わってくると考えられます。杉村・朴・若林（2009）によると，省察は，①保育者自身に関する省察，②子どもに関する省察，③他者をとおした省察，という3つの内容から捉えられます。さらに，各内容はそれぞれ浅い－深いの2つの省察レベルが設定されているので，計6つの構造から成り立つと考えられています。

①保育者自身に関する省察
　　浅いレベル…【自己注意】保育の最中に，自分の態度や言動に注意を向けること
　　深いレベル…【自己考慮】日頃の保育を振り返り，自分の保育を見つめ直すこと
②子どもに関する省察
　　浅いレベル…【子ども察知】保育の最中に，子どもの行動や態度に注意を向けること
　　深いレベル…【子ども分析】子どもの将来を見据えて，子どもを見つめ直すこと
③他者をとおした省察
　　浅いレベル…【他者情報収集】保育の最中に，他のクラスの子どもや他の保育者の様子に注意を向けること
　　深いレベル…【他者情報利用】他者との会話や他者の保育の観察によって得られた情報を，自分の保育に活かすこと

　保育科学生を対象に，保育実習中の実習生・子ども・他者の3つの観点からの省察と，実習を終えた後の力量形成との関係を調べました。その結果，子どもを対象とした深い省察である「子ども分析」のみが，力量形成にプラスの影響を与えていることが分かりました。子ども分析は，「子どものこれからの成長について考える」「子どもにとって，将来何が必要か考えながら育てている」「保育の出来事から『子ども』の本質について考えることがある」などの質問項目から構成されています。これらの項目が意味するように，子どもへの深い眼差しをもち，子どもの姿から学ぼうとする学生は，実習を通して力量を獲得しやすいと考えられます。

　以上，やる気ある学生の3タイプについて解説してきました。こうした学生の姿は，現職保育者にも関連するものです。今後，さまざまな保育実践を通して，力量形成を図っていってもらいたいと思います。それでは，今現在の力量をチェックしてみましょう。

3　力量形成の自己チェック

　自分の力量が実習や研修をとおしてどの程度身についたか，自己チェックし，プロフィールを作成して，研修の成果を確認して欲しいと思います。そして引き続き力量形成に励んでいただきたいと思います。
　次に，保育者に必要とされる力量が記載されています。実習や研修をとおして，どの程度身に付きましたか？　その程度について，「4．身に付いた」「3．

少し身に付いた」「2. あまり身に付かなかった」「1. 身に付かなかった」のうち，いずれか1つを選んで，その番号を○で囲んでください。

表5-2　保育者の力量形成チェック

〈1. 保育者としての基礎的力量〉	
1）態度	
①保育への熱意と情熱	4－3－2－1
（保育に対して熱意や積極性をもつ）	
②受容的態度	4－3－2－1
（子どもの行動を受容し認める態度をもつ）	
③毅然とした態度	4－3－2－1
（子どもの行動に対して，必要に応じて毅然とした態度をとる）	
④人権に対する理解と態度	4－3－2－1
2）技能	
⑤専門的知識と技術	4－3－2－1
（発達や保育内容に関する専門的知識・技術をもつ）	
⑥計画と環境構成	4－3－2－1
（子ども理解を基盤に保育の計画を立て，環境構成，援助のあり方を構想する）	
⑦遊びと生活への援助	4－3－2－1
（子どもを適切に理解し，遊び・生活への援助を行う）	
⑧集団把握とその指導	4－3－2－1
（子どもの集団を把握し，まとめる）	
⑨得意分野の形成	4－3－2－1
〈2. 保育者の専門性を発展させる力量〉	
3）技能向上	4－3－2－1
⑩反省による保育の模索	
（保育を振り返り，反省によって，新たな保育を模索する）	4－3－2－1
⑪自己研鑽	
（研修・研究を行い，たえず自己研鑽に励む）	4－3－2－1
⑫要配慮児への対応	
（特別な教育的配慮を要する子どもへの理解と対応）	
4）協働的関係	4－3－2－1
⑬保育者集団の質的向上	
（同僚と協力しながら，保育者集団の質を高める）	4－3－2－1
⑭園運営での役割と見通し	
（園運営において自分の役割を考えて行動し，全体を見通して運営を支える）	
5）連携	4－3－2－1
⑮保護者との連携	
（保護者との連携をとりながら，子どもを育てる）	4－3－2－1
⑯地域との連携	
（地域との連携をとりながら，子どもを育てる）	4－3－2－1
⑰小学校との連携	
（小学校との連携をとりながら，子どもを育てる）	
6）視野の拡大と深化	4－3－2－1
⑱今日的な保育の課題への関心	
（今日的な保育の課題に関心をもち，探求する）	4－3－2－1
⑲他の学問領域への関心	
（他の学問に関心をもつ）	4－3－2－1
⑳研究への理解と深化	
（研究の視野を広げながら研究を深める）	

4 プロフィールを描いて，力量形成の程度を把握しましょう

表 5-3 保育者の力量形成プロフィール

分類	ストレス対処	力量診断	自分の特徴と努力目標
基礎的力量（主に保育科学生対象）	保育技術能力関連	態度（①保育への熱意と情熱，②受容的態度，③毅然とした態度，④人権に対する理解と態度） 技能（⑤専門的知識と技術，⑥計画と環境構成，⑦遊びと生活への援助，⑧集団把握とその指導，⑨得意分野の形成）	
（主に現職者対象）	専門性を発展させる力量	技能向上（⑩反省による保育の模索，⑪自己研鑽，⑫要配慮児への対応）	

対人関係能力関連	協働と連携（⑬保育者集団の質的向上，⑭園運営での役割と見通し，⑮保護者との連携，⑯地域との連携，⑰小学校との連携）	
	⑬⑭⑮⑯⑰ レーダーチャート（1〜4）	
研究・研修の原動力	視野の拡大と深化（⑱今日的な保育の課題への関心，⑲他の学問領域への関心，⑳研究への理解と深化）	
	⑱⑲⑳ レーダーチャート（1〜4）	
所見		

5　力量形成のまとめと今後の課題

1）どのような力量が形成されていましたか？
　実習あるいは研修前に表1-8（p.14）で力量をチェックした方は，比較してみてください。

2）今後はどの種類の力量を伸ばしていきたいですか？

終わりにあたって

　保育者は，生涯発達の基礎を培う重要な専門職で，子どもの行動を素早く把握し，瞬時に対応することが求められます。「はじめに」で，保育者の「勘」を育成し維持していくことが大切であることを申し上げました。保育はタイミングが重要となります。他者から指摘されるだけでは保育は上達しません。自分で計画して実践し，さらに省察して計画し直すというように，計画→実践→省察の繰り返しが，地道であっても保育が上達する近道と思っています。

　本書では，現代の保育者が求められている力量を6領域20力量と定義しました。この定義を指標として自分の力量状態を把握し，力量の形成を目指すべく，自分の保育に磨きをかけていっていただきたいと思っています。マイクロティーチング，面接ロールプレイ，事例研究などを活用していただけると幸いです。

　筆者の提示した力量については，現代社会が求める保育者への要請によって今後も変化していくものと考えます。保育者と同様に，筆者も保育現場に役立つ研究に邁進していきたいと思っています。

金子智栄子

引用・参考文献

■1章

秋田 喜代美（2000）．保育者のライフステージと危機　発達，*83*，50．

稲垣 忠彦・寺崎 昌夫・松平 信久（編著）（1998）．教師のライフコース――昭和史を教師として生きて――（pp. 261-292）東京大学出版会

上田 哲世（1989）．保育者の成長とその援助　聖和大学論集，*17*，349-368．

上田 淑子（2003）．保育者の力量観の研究――幼稚園と保育所の保育者の比較検討から――　保育学研究，*41*（2），24-31．

金子 智栄子（2013）．保育者の力量形成に関する実践的研究　風間書房

鯨岡 峻（2000）．保育者の専門性とはなにか　発達，*83*，53-60．

厚生労働省（1999）．（平成11年改訂）保育所保育指針

厚生労働省（2008）．（平成20年改定）保育所保育指針

齋木 久子・上田 哲世・中川 香子（2004）．保育者が「問題と感じていること」について――保育経験，保育所と幼稚園による差異，1980年代調査との比較――　保育士養成研究，*22*，1-10．

嶋崎 博嗣（1995）．保育者の精神健康管理に関する研究――属性・職務上の背景からの検討――筑波大学体育科学系紀要，*18*，149-158．

嶋崎 博嗣・森 昭三（1995）．保育者の精神健康に影響を及ぼす心理社会的要因に関する実証的研究　保育学研究，*33*（2），35-44．

全国保母養成協議会（1994）．保母養成校卒業生の就業実態と養成の課題――卒業後の仕事に関するアンケート調査をもとに――保母養成資料集，*12*．

東京都福祉保健局（2016）．東京都保育士実態調査　報告書

鳥光 美緒子（1998）．幼児教育における理論と実際――保育現象の理論的解明の可能性を求めて――　大塚 忠剛（編著）幼年期教育の理論と実際（pp. 205-214）北大路書房

水山 進吾・丹羽 孝・後藤 宗理・鋤柄 増根（1991）．保育所保母の意識に関する研究――悩みに関する尺度の平均値と自由既述回答にもとづく分析　保母養成研究年報，*9*，87-101．

文部科学省（2002）．幼稚園教員の資質向上について――自ら学ぶ幼稚園教員のために――報告書

■2章

秋田 喜代美（2000）．保育者のライフステージと危機　発達，*83*，50．

Allen, D. W., & Fortune, J. C. (1966). An analysis in microteaching: New procedure in teacher education. In *Microteaching : A description*. Stanford, CA : The secondary teacher education program. School of Education, Stanford University (Mimeographed, 1966).

Allen, D., & Ryan, K. (1969). *Microteaching*. Reading, MA : Addison-Wesley.（アレン，D.・ライアン，K. 笹本 正樹・川合 治男（共訳）（1981）．マイクロティーチング――教授技術の新しい研修法――　協同出版）

井上 光洋（1985）．マイクロティーチング研究の現状と課題（1）　東京学芸大学紀要第1部門　教育科学，*36*，139-152．

井上 光洋（1986a）．マイクロティーチング研究の現状と課題（2）　東京学芸大学紀要第1部門　教育科学，*37*，25-39．

井上 光洋（1986b）．アメリカにおけるマイクロティーチングの内容と諸相――イリノイ大学を事例として――　東京学芸大学紀要第1部門　教育科学，*37*，41-64．

岡田 正章（1982）．保育者の研修をめぐって（総説）保育学年報1982年版，10-17．

粕谷 亘正（2015）．第5章　指導計画作成の基本とその方法　岩崎 淳子・及川 留美・粕谷 亘正（編著）教育・保育課程論（pp. 121-122）萌林書院

Kallenbach, W. W., & Gall, M. D. (1969). Microteaching versus conventional methods in training elementary intern teachers. *Journal of Educational Research*, *63*, 136-141.

金子　智栄子（2007）．マイクロティーチングに関するわが国の研究動向について──保育者養成課程へのマイクロティーチングの導入と課題──　文京学院大学人間学部紀要，*9*（1），131-150.
志賀　政男（1988）．マイクロティーチングによる教授行動の形成に関する研究──マイクロクラス教授対象による効果の差異について──　青山学院女子短期大学紀要，*32*，67-101.
Brown, G. (1975). *Microteaching: A programme of teaching skills*. London: Methuen.（ブラウン，G. 斎藤　耕二・菊池　章夫・河野　義章（共訳）（1981）．授業の心理学──授業技術改善のプログラム──　同文書院）
宮田　仁（2003）．Webベースのティーチング・ポートフォリオ活用した授業改善支援システムの開発と試行──教育実習前学生のマイクロティーチングを事例として──　日本教育工学会論文誌，*27*，61-64.

■3章

金子　功一・金子　智栄子（2016）．カウンセリング・ロールプレイの有効性に関する研究Ⅲ：ロールプレイが対人的効力感に及ぼす影響　日本カウンセリング学会大会発表論文集，*48*，105.
金子　功一・中谷　素之（2014）．青年期の友人関係が適応に及ぼす影響について：友人に対する価値観と葛藤解決効力感に着目して　名古屋大学大学院教育発達科学研究科紀要，*61*，95-103.
向後　礼子・山本　智子（2014）．ロールプレイで学ぶ教育相談ワークブック：子どもの育ちを支える（pp. 17-24）ミネルヴァ書房
松島　るみ・塩見　邦雄（2001）．対人的自己効力感尺度の検討　日本教育心理学会総会発表論文集，*43*，137.

■4章

秋葉　美智子（1982）．ケース・スタディ方式による「集団不適応児の研修会」保育学年報1982年版，94-103.
岡田　正章（1982）．保育者の研修をめぐって（総説）保育学年報1982年版，10-17.
厚生労働省（2017）．保育士等キャリアアップ研修ガイドラインの概要
厚生労働省（2008）．（平成20年改定）保育所保育指針
高知県教育センター（2011）．平成23年度幼保研修の手引き
成田　朋子（2008）．保育所保育指針の改定と保育士の園内研修へのとりくみについて　名古屋柳城短期大学研究紀要，*30*，73-89.
水内　豊和・増田　貴人・七木田　敦（2001）．「ちょっと気になる子ども」の事例にみる保育者の変容過程　保育学研究，*39*（1），28-35.
文部科学省（2008）．（平成20年改訂）幼稚園教育要領
山口県教育庁特別支援教育推進室（2010）．「特別支援教育における『個別の指導計画』の記入例」について

■終章

金子　智栄子（2013）．保育者の力量形成に関する実践的研究　（pp. 162, 117）風間書房
金子　智昭（2017a）．保育者志望学生の達成目標志向性の分類化──幼稚園教育実習を通したワーク・エンゲイジメント及び実習成果との関連──　日本カウンセリング学会第50回記念大会発表論文集，212.
金子　智昭（2017b）．保育者志望学生の幼稚園教育実習を通した心理的プロセス──実習形態及び学年差に着目したJD-Rモデルの検証──　日本教育心理学会第59回総会発表論文集，424.
杉村　伸一郎・朴　信永・若林　紀乃（2009）．保育における省察の構造　幼児教育年報，*31*，5-14.

索　引

著者索引

あ行

秋田喜代美	4, 36
秋葉美智子	58
アレン（Allen, D. W.）	18, 21
稲垣忠彦	12
井上光洋	18, 21
上田哲世	4, 10, 11
上田淑子	12
岡田正章	36, 58

か行

粕谷亘正	25
金子功一	39, 51, 53
金子智栄子	21, 39, 51, 74
金子智昭	25, 73
カレンバック（Kallenbach, W. W.）	21
鯨岡　峻	11
向後礼子	47-49
厚生労働省	57
高知県教育センター	55
ゴール（Gall, M. D.）	21
後藤宗理	10

さ行

齋木久子	11
塩見邦雄	52
志賀政男	18
嶋崎博嗣	5, 11
鋤柄増根	10
杉村伸一郎	75
全国保母養成協議会	6

た・な行

寺崎晶夫	12
東京都福祉保健局	6
鳥光美緒子	11
中川香子	11
中谷素之	53
七木田敦	61
成田朋子	56, 61
日本学生相談学会	40, 43, 44
丹羽　孝	10

は・ま行

朴　信永	75
フォーチュン（Fortune, J. C.）	21
ブラウン（Brown, G.）	18, 21
増田貴人	61
松島るみ	52
松平信久	12
水内豊和	61
水山進吾	10
宮田　仁	32
森　昭三	11
文部科学省	12, 56

や・ら・わ行

山口県教育庁	58
山口県教育庁特別支援教育推進室	59, 60
山本智子	47-49
ライアン（Ryan, K.）	18, 21
若林紀乃	75

事項索引

あ・か行

アクティブリスニング	47
演習形式	56
簡易型マイクロティーチング	22
関係性目標	75
技能	13
——向上	13
教員研修	55
教員免許更新制	3, 4
協働関係	13
傾聴	47
——時の面接技法	48
現職保育者のストレスチェック	7
講義形式	56
子ども察知	76
子ども分析	76
コンピテンス	1

さ行

自己考慮	76
自己注意	76
支持	48
事前指導型マイクロティーチング	23
実習生のストレスチェック	9
実習生のストレスプロフィール	10
指導案作成の留意点 チェックリスト	25
指導監督者用のマイクロティーチングでの行動評定	26
視野の拡大と深化	13
主訴	44
守秘義務	48
省察	75
情報管理	48
事例研究の成果	65
事例検討形式	56
ストレスチェック	7
現職保育者の——	7
実習生の——	9

た・な行

対象児の行動変容	64
対人関係効力感	39
対人関係能力	12
対人的自己効力感	50
——向上のチェックリスト	52
態度	13
多者情報収集	76
多者情報利用	76
達成目標志向性	73
動機づけ	73
特別支援教育制度	58
乳幼児発達スケール（キッズ：KIDS）	62, 63
任意研修	55

は行

パフォーマンス回避目標	74
パフォーマンス接近目標	74
フィードバック型マイクロティーチング	23
保育技術能力	13
保育士等キャリアアップ研修ガイドラインの概要	55
保育者	1
——効力感	75
——としての基礎的力量	13
——の専門性を発展させる力量	13
——の認識の変化	65
——の発達段階モデル	4
保育者の力量	1
——形成チェック	14, 77
——形成プロフィール	15, 78
法定研修	55

ま行

マイクロ・クラス	20
マイクロ・レッスン	19
マイクロティーチング	17
——行動観察基礎資料	29
——実践場面の録音分析方法	27
——による力量形成モデル	35
——有効性測定尺度	34
簡易型——	22
事前指導型——	23
指導監督者用の——	26
フィードバック型——	23
マスタリー目標	74
明確化	48
面接ロールプレイの有効性チェックリスト	51
面接ロールプレイの有効性プロフィール	50

や・ら・わ行

友人との葛藤解決効力感	39
友人との葛藤解決効力感向上のチェックリスト	53
リカレント教育	3
力量	1
連携	13
ワーク・エンゲイジメント	75

■著者紹介

金子智栄子（かねこ　ちえこ）学術博士
　1979年　千葉大学教育学部小学校教員養成課程　卒業
　1981年　日本女子大学大学院家政学研究科児童学専攻修士
　　　　　課程　修了
　現職　文京学院大学人間学部／同大学院教授
　第1，2，4章執筆

金子　功一（かねこ　こういち）教育学修士
　2009年　都留文科大学文学部初等教育学科　卒業
　2011年　千葉大学大学院教育学研究科学校心理学専攻修士
　　　　　課程　修了
　2014年　名古屋大学大学院教育発達科学研究科心理発達科
　　　　　学専攻博士後期課程　単位取得退学
　現職　植草学園大学発達教育学部准教授
　第3章執筆

金子　智昭（かねこ　ともあき）教育学修士
　2012年　青山学院大学文学部教育学科　卒業
　2014年　早稲田大学大学院教育学研究科学校教育専攻修士
　　　　　課程　修了
　2018年　慶應義塾大学大学院社会学研究科教育学専攻後期
　　　　　博士課程単位取得退学
　現職　鎌倉女子大学短期大学部講師
　終章執筆

保育者の力量を磨く
──コンピテンスの養成とストレス対処──

2018年3月30日	初版第1刷発行	定価はカヴァーに
2024年4月10日	初版第3刷発行	表示してあります

　　　　　著　者　　金子智栄子
　　　　　　　　　　金子　功一
　　　　　　　　　　金子　智昭
　　　　　発行者　　中西　良

　　　　　　発行所　株式会社ナカニシヤ出版

　　　　　〒606-8161　京都市左京区一乗寺木ノ本町15
　　　　　　　　　Telephone　(075) 723-0111
　　　　　　　　　Facsimile　(075) 723-0095
　　　　　　　　　http://www.nakanishiya.co.jp/
　　　　　　　Email　iihon-ippai@nakanishiya.co.jp
　　　　　　　　　郵便振替　01030-0-13128

装幀／白沢　正　印刷／製本・亜細亜印刷株式会社
Copyright © 2018 by C. Kaneko, K. Kaneko, & T. Kaneko
ISBN978-4-7795-1248-3　C2037　Printed in Japan
＊乱丁本・落丁本はお取り替え致します。

◆本書のコピー，スキャン，デジタル化等の無断複製は著作権法上での例外を除き禁じられています。本書を代行業者等の第三者に依頼してスキャンやデジタル化することはたとえ個人や家庭内での利用であっても著作権法上認められておりません。